sujets

ANNALES
baccalauréat
1 9 9 4

Français

Toutes séries

D1665963

ISBN : 2-7117-**9332 X**

groupements interacadémiques

Session de juin 1993

	Académie pilote		Numéros des sujets
Groupement interacadémique 1 Amiens, Lille, Rouen, Paris-Créteil-Versailles	Amiens Lille	A B C D D' E F G H	1, 2, 3 22, 23, 24
Groupement interacadémique 2 Bordeaux, Caen, Clermont-Ferrand, Limoges, Nantes, Orléans-Tours, Poitiers, Rennes	Rennes La Réunion	A B C D D' E F G H	4, 5, 6 25, 26, 27
Groupement interacadémique 3 Besançon, Dijon, Grenoble, Lyon, Nancy-Metz, Reims, Strasbourg	Strasbourg Grenoble	A B C D D' E F G H	7, 8, 9 28, 29, 30
Groupement interacadémique 4 Aix-Marseille, Corse, Montpellier, Nice, Toulouse	Aix-Marseille Montpellier	A B C D D' E F G H	10, 11, 12 31, 32, 33

Avant-propos

Ce recueil de sujets est destiné à la fois aux élèves et aux professeurs : son but est de les *informer*, pour que les uns et les autres connaissent les sujets proposés au baccalauréat en 1993 et donc des types d'intitulés susceptibles d'être offerts à la réflexion en 1994. Nous avons ajouté aux énoncés de cette année quelques sujets de septembre 1992 ainsi que ceux des séries F, G et H de juin 1993 de manière à apporter un ensemble riche et complet à nos lecteurs.

Les sujets, classés par session puis par académie, portent chacun un numéro auquel renvoient les index.

Au début de chaque exercice sont indiqués : la difficulté du sujet (*, ** ou ***), la, ou les, parties du programme abordée(s) pour la dissertation, le thème traité pour le résumé-discussion. Enfin, la mention → **CORRIGÉ** renvoie aux annales corrigées correspondantes.

À la suite du sujet, une analyse détaillée permet de diriger l'axe de la réflexion.

En fin de volume se trouve un glossaire qui apporte une aide précieuse à l'étudiant.

Sommaire

Index des Auteurs

(Les numéros entre parenthèses renvoient aux numéros des sujets.)

Séries A, B, C, D, D', E

Séries F, G, H

Index thématique

(Les numéros entre parenthèses renvoient aux numéros des sujets.)

Séries A, B, C, D, D', E

Séries F, G, H

Index par type d'exercice

(Les numéros entre parenthèses renvoient aux numéros des sujets.)

Résumé, discussion : 1, 4, 7, 10, 13, 16, 19, 22, 25, 28, 31, 34, 37, 40, 43, 46, 49, 52 ,55.

Commentaire composé : 2, 5, 8, 11, 14, 17, 20, 23, 26, 29, 32, 35, 38, 41, 44, 47, 50, 53, 56.

Dissertation littéraire : 3, 6, 9, 12, 15, 18, 21, 24, 27, 30, 33, 36, 39, 42, 45, 48, 51, 54, 57.

SESSION

JUIN 1993

Groupement 1 (Amiens)

Séries A, B, C, D, D'

La société de comparaison

Notre temps n'a pas le triste privilège des travaux sans gloire et des vies sans surprises. Pourquoi alors cette si soudaine flambée de contestation et ces tentatives maladroites pour donner un sens nouveau à des frustrations que les générations précédentes avaient supportées avec apparem-
5 ment beaucoup plus de patience ? Pourquoi coïncident-elles ainsi avec une indéniable amélioration du niveau de vie de tous les travailleurs, liée de toute évidence aux retombées économiques et sociales de ce progrès mis en accusation ?

C'est qu'en fait cette impression de devoir vivre son existence entière
10 dans un monde du travail terne et figé, sans jamais pouvoir échapper à ses déterminismes familiaux et à sa programmation scolaire et professionnelle, est d'autant plus insupportable qu'autour de soi, comme par contraste, tout semble en perpétuel mouvement et brille de mille feux. On dit de notre société qu'elle est une société de consommation et que toute son énergie se
15 consume à toujours produire plus pour pouvoir acquérir plus. C'est évidemment ce qui la caractérise le plus fidèlement et la condamne aussi le plus sévèrement. Mais en serait-il de même si chacun restait libre de régler ses dépenses sur ses seuls besoins et si avant d'être de « consommation » cette société n'était pas surtout de « comparaison » ?
20   La publicité n'aurait en effet qu'une action limitée sur les appétits et leur développement si elle se contentait de faire miroiter ses promesses, sans en même temps imposer en exemple la satisfaction supposée de ceux qui y ont les premiers succombé. Pour reculer les limites de la satiété, force lui est de faire intervenir d'autres motivations que la simple convoitise. Si
25 c'est la recherche du plaisir qui amène à consommer plus et nouveau, c'est en fait la volonté de ne pas se singulariser des autres, de ne pas être dé-

passé, qui finit par transformer en habitude de consommation ce qui n'était initialement que désir spontané. La joie de découvrir et de posséder se change peu à peu en crainte d'apparaître différent de la majorité des membres de
30 son groupe. Ne pas avoir ou ne pas connaître ce qu'ont, ou connaissent, ses semblables, c'est s'exposer à ne plus être reconnu comme leur égal et donc assumer le risque d'être méprisé et donc rejeté de la collectivité. Inconsciemment « avoir » se confond peu à peu avec « être ».

Cette propension à se comparer aux autres est d'ailleurs inhérente à la
35 nature humaine et de tout temps rares ont été les hommes assez sages ou assez imaginatifs pour pouvoir apprécier leur propre bonheur sans faire référence à l'idée qu'ils se faisaient de celui de leurs voisins.

Il est plus facile aussi, pour se juger soi-même, de s'aider de comparaisons avec autrui que de faire appel à des critères purement moraux. Quand
40 il s'agit par exemple de mesurer sa propre réussite, comment ne pas être tenté de lui donner une dimension exclusivement sociale en la confrontant à celle de ses éventuels rivaux, plutôt que de s'évertuer à conserver à cette notion un sens personnel ou éthique de plus en plus difficile à définir ? Ce qu'il est convenu d'appeler le progrès rend maintenant presque obligatoire
45 cette tentation, non seulement en appauvrissant toute perspective morale, mais aussi en sacrifiant toujours plus l'individu au collectif et surtout en multipliant soudainement les moyens et les occasions de se comparer.

Quand chacun ne connaissait du monde extérieur que sa famille, son village, son quartier ou son petit univers professionnel, les possibilités de
50 rencontrer d'autres modes de vie que ceux auxquels on était habitué depuis la naissance étaient rares. Beaucoup d'interdits culturels savamment entretenus interdisaient d'ailleurs de regarder au-delà de son propre horizon. La plupart des différences sociales et économiques étaient perçues plus comme des différences de nature que comme de simples distances. S'il pou-
55 vait arriver à certains d'envier tout naturellement la fortune, le confort ou le rang d'individus plus privilégiés dont ils croisaient la route, il ne leur serait pas venu à l'idée de mettre en parallèle leur propre existence avec des destinées *a priori* si dissemblables et même si étrangères.

Jean ROUSSELET, L'Allergie au travail, 1974.

RÉSUMÉ

Vous résumerez ce texte en 180 mots (un écart de 10 % en plus ou en moins est toléré). Vous indiquerez à la fin du résumé le nombre de mots utilisés.

VOCABULAIRE

Vous expliquerez les expressions :
- déterminismes familiaux (ligne 11) ;
- les limites de la satiété (ligne 23).

DISCUSSION

L'auteur laisse entendre qu'il est sage dans la société de consommation de refuser de comparer son mode de vie à celui des autres. Qu'en pensez-vous ?

POUR DÉMARRER

– Le texte à résumer est assez bien structuré et ne présente pas de difficultés majeures. Attention néanmoins à quelques contresens à éviter (double négation de la première phrase) et, au cinquième paragraphe, au vocabulaire plus complexe... Le travail de réécriture est assez délicat.

– La discussion est assez difficile ; on prendra en compte les termes du sujet (qu'est-ce que la sagesse ? etc.). On veillera à utiliser des exemples littéraires (Rousseau, Diderot)

2

**

PARTIE DU PROGRAMME ABORDÉE   COMMENTAIRE COMPOSÉ

Le roman du XIXᵉ s., l'art du portrait, le vocabulaire   → **CORRIGÉ**
pictural, Balzac.
Balzac : 1789-1850.

Laissé pour mort à la bataille d'Eylau (1807), après qu'un coup de sabre lui eut ouvert le crâne, le colonel Chabert rentre en France plusieurs années plus tard et demande un entretien à Maître Derville pour lui exposer les difficultés de sa situation civile puisque, vivant, il est considéré par tous comme décédé. L'avoué lui fixe rendez-vous, dans son étude, à une heure du matin.

Le jeune avoué demeura pendant un moment stupéfait en entrevoyant dans le clair-obscur le singulier client qui l'attendait. Le colonel Chabert était aussi parfaitement immobile que peut l'être une figure en cire de ce cabinet de Curtius [1] où Godeschal avait voulu mener ses camarades. Cette immobilité n'aurait peut-être pas été un sujet d'étonnement, si elle n'eût complété le spectacle surnaturel que présentait l'ensemble du personnage. Le vieux soldat était sec et maigre. Son front, volontairement caché sous les cheveux de sa perruque lisse, lui donnait quelque chose de mystérieux.

Ses yeux paraissaient couverts d'une taie transparente : vous eussiez dit de la nacre sale dont les reflets bleuâtres chatoyaient à la lueur des bougies. Le visage pâle, livide et en lame de couteau, s'il est permis d'emprunter cette expression vulgaire, semblait mort. Le cou était serré par une mauvaise cravate de soie noire. L'ombre cachait si bien le corps à partir de la ligne brune que décrivait ce haillon, qu'un homme d'imagination aurait pu prendre cette vieille tête pour quelque silhouette due au hasard, ou pour un portrait de Rembrandt, sans cadre. Les bords du chapeau qui couvrait le front du vieillard projetaient un sillon noir sur le haut du visage. Cet effet bizarre, quoique naturel, faisait ressortir, par la brusquerie du contraste, les rides blanches, les sinuosités froides, le sentiment décoloré de cette physionomie cadavéreuse. Enfin l'absence de tout mouvement dans le corps, de toute chaleur dans le regard, s'accordait avec une certaine expression de démence triste, avec les dégradants symptômes par lesquels se caractérise l'idiotisme [2], pour faire de cette figure je ne sais quoi de funeste qu'aucune parole humaine ne pourrait exprimer.

BALZAC, Le colonel Chabert.

1. L'Allemand Curtius avait fondé, au Palais-Royal, vers 1770, un Salon des figures où étaient imités, avec de la cire colorée, les traits de personnages connus. Godeschal est un des clercs de l'étude.
2. Au XIXe siècle, synonyme d'*idiotie*.

▶ **Vous ferez de ce texte un commentaire composé. Vous pourrez par exemple montrer comment Balzac fait de son personnage un mort vivant, et donne à cette description une valeur picturale.**

POUR DÉMARRER

On se méfiera un peu du libellé qui, en évoquant un « mort-vivant », incite à une lecture « fantastique » du texte qui ne s'impose pas : Chabert est bien réel et bien vivant, s'il est « dégradé ». En revanche on sera sensible au système d'énonciation : qui voit la scène ? qui parle ? (on remarquera les nombreuses interventions directes du narrateur). Une étude préliminaire précise des champs lexicaux est indispensable : ce qui concerne les ombres et les lumières, en particulier.

3

✿ ✿ ✿
PARTIE DU PROGRAMME ABORDÉE

Le théâtre ; la représentation théâtrale.

Dɪssᴇʀᴛᴀᴛɪᴏɴ ʟɪᴛᴛᴇ́ʀᴀɪʀᴇ

→ **CORRIGÉ**

Dans l'avis « Au lecteur » de l'une de ses pièces, Molière écrit : « *On sait bien que les comédies ne sont faites que pour être jouées ; et je ne conseille de lire celles-ci qu'aux personnes qui ont des yeux pour découvrir dans la lecture tout le jeu du théâtre.* »

▶ **Vous discuterez cette remarque en vous demandant dans quelle mesure la lecture d'une pièce de théâtre permet d'imaginer la représentation, et si, par ailleurs, l'absence de mise en scène ne limite pas la signification et la richesse de la pièce.**

POUR DÉMARRER

Le sujet suppose une bonne connaissance du théâtre, de sa spécificité (en quoi il s'oppose au roman ? etc.) et, surtout, une « pratique » (nécessité de fréquenter les théâtres...) : apport de la mise en scène, des comédiens, décors, etc. ?

Il importe de s'appuyer sur un bon choix d'exemples, bien diversifiés, et de réfléchir sur la question essentielle : une mise en scène limite-t-elle ou élargit-elle notre connaissance « livresque » d'une œuvre ?

Groupement 2 (Rennes)

Séries A, B, C, D, D'

4	* THÈME TRAITÉ	CONTRACTION DE TEXTE
	Le sport, nouvelle religion.	→ **CORRIGÉ**

Les héros du monde moderne

De quoi s'occupent les Français ? de quoi s'occupe le monde ? De gens qui courent et qui sautent sur la neige et la glace. De Rousseau à Flaubert, de Chateaubriand à Karl Marx – pour ne rien dire de Jules Verne –, beaucoup de grands esprits des siècles écoulés ont imaginé l'avenir que nous
5 sommes en train de vivre. Aucun n'a prévu que des milliards d'hommes et de femmes vivraient par procuration les exploits physiques de champions de ski ou de saut. Les sports d'hiver n'existaient pas, la télévision n'existait pas – et c'est la conjonction de la télévision et du sport qui donne au monde moderne une de ses dimensions essentielles. Les Jeux Olympiques d'hiver
10 ont renvoyé à l'arrière-plan ce qui se passe en Russie, en Algérie, en France, partout. Au-delà des nationalismes, sur lesquels il s'appuie, mais qu'il dépasse pourtant, le sport est devenu la première, peut-être, des passions collectives de l'humanité.

Il y a quelque chose de traditionnel et sans doute d'éternel dans cette
15 passion du sport. Le baron de Coubertin[1] n'a fait que reprendre et développer ce que les Grecs avaient inventé, avec leur génie à jamais sans égal, vingt-cinq siècles avant nous. Ils avaient découvert qu'il y a une force dans l'homme qui le pousse à se dépasser et à repousser toujours plus loin les bornes qui lui sont imposées. En ce sens, l'esprit olympique n'est pas fon-
20 damentalement différent de la curiosité scientifique : il s'agit d'aller au-delà. Si absurdement critiquées il y a quelques années, l'émulation et la compétition triomphent à Albertville. L'important, bien sûr, n'est pas de gagner, mais de participer. N'empêche : chacun s'efforce d'aller plus vite et plus loin que les autres (…).

25 La tradition olympique s'appuie aujourd'hui sur une technique triomphante. Toute une série d'industries sont liées aux jeux. Les courses auto-

mobiles de formule 1 servent l'ensemble de l'industrie automobile ; les champions de tennis sont transformés en publicités vivantes ; du tourisme à l'audiovisuel, en passant bien entendu par les fabricants d'articles de sport, les
30 Jeux Olympiques ont une signification économique. Ils drainent des millions et des millions de francs. À l'époque de M. de Coubertin, *les Jeux Olympiques se passaient à la bonne franquette* : les retombées étaient faibles. Aujourd'hui, grâce surtout aux liens avec la télévision, les Jeux prennent une dimension nationale et internationale que les dictatures ont ex-
35 ploitée les premières et que les démocraties ont découverte à leur tour.

Ils prennent aussi l'allure d'une fête. Longtemps limités à un défilé militaire, le 14 Juillet est devenu une fête avec danses et mannequins géants et acrobates et costumes éclatants. Grâce à une organisation sans faille qui a mobilisé toute une région, les Jeux d'Albertville sont devenus une fête du
40 même genre. Comme la politique, la littérature et la guerre, le sport est devenu un spectacle. Parce que le monde entier est devenu un spectacle. On a répété à satiété que le monde moderne a retrouvé la formule de la Rome impériale : *panem et circenses* (du pain et des jeux). Ce n'est qu'à moitié vrai. Le pain est réparti à travers la planète selon une inégalité révoltante :
45 les uns en ont plus qu'il n'en faut, les autres en manquent cruellement. Les Jeux, au contraire, sont distribués à travers le monde avec une générosité et une impartialité sans précédent (…).

Il n'est pas impossible que le sport soit l'idéologie d'un monde qui ne croit plus à rien. Les alpinistes, les descendeurs, les champions de bobs-
50 leigh sont les héros de l'inutile et les saints de l'absurde. Ils ont fait de leurs corps ce qu'était jadis l'âme : le lieu de toutes les vertus et de tous les courages. Ils sont les chevaliers d'une civilisation qui a perdu ses valeurs et qui les retrouve dans *le panache de la neige*.

Jean d'ORMESSON, *Le Figaro-Magazine*, 15 février 1992.

1. Baron de Coubertin : rénovateur des Jeux Olympiques modernes.

RÉSUMÉ

Vous résumerez ce texte en 180 mots (un écart de 10 % en plus ou en moins est toléré). Vous indiquerez obligatoirement sur votre copie le nombre de mots employés.

VOCABULAIRE

Vous expliquerez les expressions suivantes :
– les Jeux Olympiques se passaient à la bonne franquette (lignes 31-32) ;
– le panache de la neige (ligne 53).

DISCUSSION

Pensez-vous que le sport puisse apparaître comme une religion nouvelle, dans un monde qui ne croit plus à rien ?

POUR DÉMARRER

Le résumé, ni la discussion, ne présentent de difficultés particulières... on veillera à bien reproduire le sens du dernier paragraphe du texte, dont les idées seront très utiles pour la discussion qu'elles permettront de « lancer... ».

On pourra peut-être s'interroger avec profit sur le réel bien-fondé de cette comparaison entre le sport et la religion... Est-elle légitime ? justifiée ? excessive ?

5

**
PARTIE DU PROGRAMME ABORDÉE   COMMENTAIRE COMPOSÉ

Colette : 1873-1954.

Les Heures Longues

Le recueil est composé d'une série d'articles publiés par Colette durant la Première Guerre mondiale, d'août 1914 à novembre 1917 dans divers journaux. Le passage suivant est extrait du premier chapitre intitulé « La Nouvelle » et il est daté d'août 1914.

C'était la guerre. Dans Saint-Malo, où nous courions chercher des nouvelles [1], un coup de tonnerre entrait en même temps que nous : la Mobilisation Générale [2].

Comment oublierais-je cette heure-là ? Quatre heures, un beau jour voilé d'été marin, les remparts dorés de la vieille ville debout devant une mer verte sur la plage, bleue à l'horizon, les enfants en maillots rouges quittent le sable pour le goûter et remontent les rues étranglées... Et du milieu de la cité tous les vacarmes jaillissent à la fois : le tocsin, le tambour, les cris

---

de la foule, les pleurs des enfants... On se presse autour de l'appariteur au tambour, qui lit ; on n'écoute pas ce qu'il lit parce qu'on le sait. Des femmes quittent les groupes en courant, s'arrêtent comme frappées, puis courent de nouveau, avec un air d'avoir dépassé une limite invisible et de s'élancer de l'autre côté de la vie. Certaines pleurent brusquement, et brusquement s'interrompent de pleurer pour réfléchir, la bouche stupide. Des adolescents pâlissent et regardent devant eux en somnambules. L'automobile qui nous porte s'arrête, étroitement insérée dans la foule qui se fige contre ses roues. Des gens l'escaladent, pour mieux voir et entendre, redescendent sans nous avoir même remarqués, comme s'ils avaient grimpé sur un mur ou sur un arbre ; – dans quelques jours, qui saura si ceci est tien ou mien ?... Les détails de cette heure me sont pénibles et nécessaires, comme ceux d'un rêve que je voudrais ensemble quitter et poursuivre avidement.

COLETTE, Les Heures longues, Éd. Pléiade : tome II, pages 477-478).

1. Colette passe ses vacances dans la propriété de Rozven entre Saint-Malo et Cancale.
2. Le premier jour de la mobilisation fut le dimanche 2 août 1914.

▶ **Vous ferez de ce texte un commentaire composé. Vous pourrez, par exemple, vous demander comment les qualités propres de l'écrivain lui permettent d'aller au-delà d'un simple compte rendu journalistique.**

POUR DÉMARRER

On accentuera, pour l'étude de ce texte, l'analyse des procédés stylistiques, essentiels : comment la scène vécue, la « chose vue » – se transforme, par la magie de l'écriture, en produit littéraire et poétique (utilisation du présent, figures de rhétorique, jeux de rythme, etc.)... On verra de près comment sont mis en valeur les contrastes (entre les deux parties de la scène) et les désordres causés par l'annonce de la « nouvelle », quel rôle enfin pour l'écrivain elle-même, quelle est sa place dans le récit.

6 ✽ ✽
PARTIE DU PROGRAMME ABORDÉE — Dɪssᴇʀᴛᴀᴛɪᴏɴ ʟɪᴛᴛᴇ́ʀᴀɪʀᴇ

La littérature autobiographique : mémoires, confessions, etc.
Le « moi » est-il haïssable ?

À ceux qui se plaignent des écrivains qui disent « moi », Victor Hugo répond dans sa préface des *Contemplations* : « *Quand je vous parle de moi, je vous parle de vous.* »

▶ **En restant dans le domaine de la littérature, mais sans vous limiter au genre autobiographique, vous commenterez ce jugement à l'aide d'exemples précis.**

POUR DÉMARRER

Pour traiter ce sujet classique, on veillera d'abord à bien choisir ses exemples : le libellé incite explicitement à sortir de l'autobiographie (Rousseau, Chateaubriand, etc.) ; on pourra s'engager fructueusement dans le domaine de la poésie lyrique (*Les Contemplations* justement) et aboutir à deux questions :

– le poète a-t-il des problèmes spécifiques ou sont-ils ceux de chacun de nous ?

– toute littérature n'est-elle pas autobiographique ?

36.15
VUIBERT

**DES CONSEILS POUR PRÉPARER
EFFICACEMENT VOS EXAMENS.**

LES LIVRES VUIBERT POUR RÉUSSIR.

**LES CORRIGÉS
DE LA DERNIÈRE SESSION.**

**LE JOUR MÊME DES ÉPREUVES,
TOUS LES CORRIGÉS
DE TOUTES LES MATIÈRES.**

**DES RÉPONSES CLAIRES
AUX QUESTIONS
QUE VOUS VOUS POSEZ
SUR L'ORIENTATION.**

L'EPREUVE DE

POUR PRÉPARER LE BAC DÈS LA RENTRÉE

POUR SE PRÉPARER AVEC MÉTHODE
AUX DIVERS SUJETS DE CHAQUE ÉPREUVE

POUR COUVRIR L'ENSEMBLE
DU PROGRAMME.

19 titres dont :
Biologie-Géologie (A, B) - Biologie-Géologie (C, D) -
Electronique (F2) - Electrotechnique (F) -
Français - Géographie - Histoire -
Histoire/Géographie (Oral, G) - Latin - Philosophie -
Sciences Economiques et Sociales -
Allemand - Anglais

En vente chez votre libraire

vuibert

Groupement 3 (Strasbourg)

Séries A, B, C, D, D'

Le centre-ville est réhabilité dans sa fonction et dans sa valeur : on prend « des mesures » et on ravale les édifices en exploitant au maximum leur historicité devenue une valeur essentielle et irremplaçable. Toute une législation qui est loin d'être achevée se constitue sur ces bases ; un de ses
5 outils essentiels sera le concept de pyramide de l'âge des maisons. C'est ici que se greffe sur ce développement plein de bonne volonté qui a été l'histoire urbaine des quarante dernières années, un mécanisme qui n'avait pas été prévu et qui va devenir un des problèmes dominants de la cité européenne concentrée.
10 Le premier stade de ce mécanisme est celui de la *fripe*. Puisque la valeur du centre-ville a été redécouverte, un certain nombre de leaders de comportement, artistes, intellectuels, avant-garde des anciens riches propriétaires, viennent s'y installer, bientôt suivis par ceux-là mêmes qui l'avaient déserté au début du siècle. Les maisons aménagées résolvent heureusement
15 (avec de l'argent) le conflit entre principe de conservation et principe de spéculation, souvent en conservant exclusivement la façade et en les rebâtissant à l'intérieur (Colmar, Berne). Les greniers se transforment en duplex ou triplex, la valeur au sol croît très vite, la spéculation prospère, seules quelques municipalités courageuses qui ont bloqué au départ le prix des
20 terrains échappent à cette règle. Avec les artistes et les intellectuels viennent les touristes qui passent, cherchent le charme et l'y trouvent, et les commerces de tourisme s'installent pour les satisfaire. Le marchand de fripe – cher autant que possible – s'installe à côté de la mercière oubliée là, et convoite ses mètres carrés sur la grand-rue. Le royaume de la fripe est pit-
25 toresque, de l'ancien-ancien on passe au nouveau-ancien, au kitsch [1] de la fripe, à la fripe signée ou portant les marques de la signature, à la fripe fabriquée, « artistiquement râpée ». Dès ce stade, le centre-ville n 'a que

faire de ses commerces de « pauvres », épiceries et boucheries, mercières
et cordonniers, vrais artisans dont l'atelier encombre la cour dans laquelle
30 on pourrait si bien mettre du clinquant ou des tables de restaurant : nous
sommes dans la *frime*, les commerces de frime, la frime historique ou la
frime alimentaire, celle des lettres gothiques de l'Hostellerie normande.
Édiles [2] et artistes sont heureux et triomphants, le centre-ville est rénové,
recouvré depuis les bas-fonds des cas sociaux, la bruyante joie se répand
35 dans les rues piétonnes, et le ministère de la Culture se félicite.

Les habitants découvrent cependant – au bout d'un certain temps, car
c'est un processus très progressif –, la disparition de ces petits ou moyens
commerces dont l'assortiment recouvrait le *spectre* à peu près complet *de
leurs besoins*. L'épicier est parti, le boucher s'est installé en banlieue, seul
40 résiste quelque Prisunic par la force de sa grandeur et sa capacité d'animer à bon marché. Chelsea, Greenwich Village ou le Quartier Latin, proposent à l'époque actuelle des exemples parfaits de ce stade du processus.

Une maladie subtile s'est installée : on pourrait l'appeler la maladie de
la *frite*. Le centre-ville est devenu centre d'un commerce bien particulier
45 qui, au lieu de couvrir *le spectre des besoins humains*, couvre celui des touristes et le touriste est bien différent de l'homme quotidien. Il a plus besoin de bijoux que de pain, et plus besoin de snacks que de restaurants fins.
Le centre-ville est le haut lieu de la caméra photographique et celle-ci à toute
heure du jour et de la nuit a besoin de se nourrir, rapidement et à bon mar-
50 ché, car le touriste est essentiellement au milieu de la pyramide sociale.
C'est le règne de la frite : le marchand odorant s'étale sur le trottoir à côté
du masque nègre, fait bon ménage avec le souvenir de la cathédrale et la
chemise indienne. La mauvaise monnaie chasse la bonne, l'odeur et le bruit
font refluer par leur permanence les reconquérants du centre-ville, qui re-
55 partent à la conquête d'autres résidences.

Ainsi, un nouveau cancer s'installe dans le centre-ville (Düsseldorf, la
rue de la Huchette à Paris, Washington Square), celui-ci retourne à une
nouvelle *dégradation de luxe* que ses édiles n'avaient pas prévue.

Abraham A. MOLES, Elisabeth ROHMER.
L'évolution du centre-ville (Psychologie de l'espace, Castermann, 1978).

1. Kitsch : se dit d'un objet ou d'une œuvre d'art de mauvais goût destiné à la
consommation de masse (ligne 25).
2. Édile : administrateur municipal (ligne 33).

RÉSUMÉ

Vous résumerez ce texte en 180 mots.
Une marge de 10 % en plus ou en moins est admise.
Vous indiquerez, à la fin de votre résumé, le nombre de mots employés.

VOCABULAIRE

Vous expliquerez le sens, dans le texte, des expressions suivantes :
– le spectre des besoins humains (ligne 45) ;
– dégradation de luxe (ligne 58).

DISCUSSION

Les auteurs du texte signalent que l'« odeur et le bruit font refluer par leur permanence les reconquérants du centre ville ».
Habiter dans un quartier rénové fréquenté par les touristes offre-t-il, à votre avis, plus de satisfactions que de désagréments ?

POUR DÉMARRER

Le texte n'est pas a priori aisé à résumer, surtout si on veut en conserver le ton et l'humour sans en altérer le sens et sans multiplier les emprunts littéraux (jeu sur la fripe – la frime – la frite : il n'est pas facile de trouver des équivalences ; mais au moins les trois grands axes de texte sont ainsi repérés – et devront être conservés).

La discussion a le défaut d'être très restrictive... Faute de s'appuyer sur une expérience personnelle (tant pis pour les banlieusards ou les ruraux), il faudra faire appel à son imagination ! (Peut-on habiter ces quartiers sans vivre exclusivement de l'attrape-touristes ? etc.)

8 ✿✿
PARTIE DU PROGRAMME ABORDÉE   COMMENTAIRE COMPOSÉ
Le genre : la lettre ; le récit de voyage.
Victor Hugo : 1802-1885.

En août 1839, Victor Hugo quitte Paris pour un voyage qui va le mener vers le Rhin et la Suisse. La voiture qui le transporte vient de franchir les Vosges.

Vers quatre heures du matin, je me suis réveillé. Un vent frais me frappait le visage, la voiture, lancée au grand galop, penchait en avant, nous descendions la fameuse côte de Saverne.

C'est là une des belles impressions de ma vie. La pluie avait cessé, les brumes se dispersaient aux quatre vents, le croissant traversait rapidement les nuées et par moments voguait librement dans un trapèze d'azur comme une barque dans un petit lac. Une brise, qui venait du Rhin, faisait frissonner les arbres au bord de la route. De temps en temps ils s'écartaient et me laissaient voir un abîme vague et éblouissant ; au premier plan, une futaie sous laquelle se dérobait la montagne ; en bas, d'immenses plaines avec des méandres d'eau reluisant comme des éclairs ; au fond, une ligne sombre, confuse et épaisse, – la Forêt Noire, – tout un panorama magique entrevu au clair de la lune. Ces spectacles inachevés ont peut-être plus de prestige encore que les autres. Ce sont des rêves qu'on touche et qu'on regarde. Je savais que j'avais sous les yeux la France, l'Allemagne et la Suisse, Strasbourg avec sa flèche, la Forêt Noire avec ses montagnes, le Rhin avec ses détours ; je cherchais tout, je supposais tout, et je ne voyais rien. Je n'ai jamais éprouvé de sensation plus extraordinaire. Mêlez à cela l'heure, la course, les chevaux emportés par la pente, le bruit violent des roues, le frémissement des vitres abaissées, le passage fréquent des ombres des arbres, les souffles qui sortent le matin des montagnes, une sorte de murmure que faisait déjà la plaine, la beauté du ciel, et vous comprendrez ce que je sentais. Le jour, cette vallée émerveille ; la nuit, elle fascine.

Victor HUGO, Le Rhin, Lettres à un ami, Strasbourg, août 1839, lettre 29.

▶ **Vous ferez un commentaire composé de ce passage. Vous pourrez, par exemple, vous demander comment Victor Hugo, évoquant dans cette page descriptive « une des belles impressions de (s)a vie », parvient à faire partager sa fascination au lecteur.**

POUR DÉMARRER

Il est essentiel de montrer comment un écrivain – même exerçant un genre a priori peu « littéraire » – parvient néanmoins à transfigurer le réel... Au-delà du simple document et du pittoresque, montrer la « poétisation »... On analysera en détail les procédés utilisés pour faire partager au lecteur les sensations éprouvées.

9

✿ ✿ ✿
PARTIE DU PROGRAMME ABORDÉE   DISSERTATION LITTÉRAIRE
Fiction et vérité ; réalisme et imaginaire.

Antonio Tabucchi, écrivain italien contemporain, déclarait récemment lors d'un colloque sur les littératures européennes : « *La littérature ne nous offre peut-être que l'illusion d'ouvrir une porte derrière laquelle il y a une autre porte. Pourtant, cela aussi c'est la force de la littérature : la force de l'illusion, la force du rêve.* »

▶ **Pensez-vous que la force de la littérature soit essentiellement de susciter et de nourrir nos rêves ? Vous présenterez de manière organisée, en empruntant vos exemples à tous les genres littéraires, les réponses et les réflexions que vous inspire cette interrogation.**

POUR DÉMARRER

Le sujet permet de dégager nettement les deux fonctions que l'on peut assigner à la littérature : une ouverture sur le monde réel ou, au contraire, sur le rêve et les « illusions »... Il sera intéressant d'analyser ces conceptions opposées et de voir si elles sont totalement incompatibles... (dénoncer la réalité, n'est-ce pas en même temps ouvrir une porte sur le rêve d'un monde meilleur ?).

Groupement 4 (Aix-Marseille)

Séries A, B, C, D, D'

Nous savons à peu près comment on se mariait autrefois : pour la vie. Un jeune homme n'y songeait pas avant d'avoir fait sa situation, comme on disait. Les parents, dont l'adhésion ne pouvait pas être esquivée, avaient un souci très vif d'éviter les unions disparates. Milieu social, éducation, convic-
5 tions politiques et religieuses étaient généralement en harmonie.

Toutes les études contemporaines sur le mariage montrent que les choses ont beaucoup moins changé qu'on ne le croit. La société française n'est pas devenue plus mobile parce que les jeunes gens se croient libres de leur choix. L'âge moyen du mariage n'a guère varié. Quand les garçons prennent femme
10 avant d'être fixés professionnellement, c'est parce qu'ils achèvent de longues études. Et on se marie toujours « pour la vie ».

Seulement, la vie, aujourd'hui, c'est long. Au XIXᵉ siècle, un couple sur deux ne célébrait pas le quinzième anniversaire de son mariage. En 1969, un jeune couple a de bonnes chances de s'engager dans cinquante années
15 de vie commune. C'est ahurissant, quand on y pense. On dira que personne n'y pense. Sans doute.

Il reste ce dont chacun se souvient, le cas échéant : que le divorce offre une issue désagréable mais non déshonorante à une union malheureuse. Et qu'au divorce peut succéder un nouveau mariage, satisfaisant et fécond.
20 Si malheur il y a, il n'est plus inéluctable de s'y résigner. Il est aussi plus difficile de s'y résigner quand on est en droit de penser qu'avec un autre, ou une autre, on reconstruira « pour la vie ». Et serait-on celui qui souffre le plus de la séparation, il n'est plus permis, d'une certaine manière, de tenir l'autre emprisonné à perpétuité dans un triste mariage. Une morale, dif-
25 férente sans doute, est née qui s'oppose à cette mainmise sur autrui.

Ce progrès, car c'en est un, a un corollaire, l'insécurité. La plus médiocre des épouses, la plus sotte, la plus incapable, était assurée, une fois mariée,

de le demeurer. Le plus volage des maris, le plus tyrannique, le plus mal-
adroit, savait qu'il ne retrouverait jamais la maison vide. Querelles, dis-
30 cussions, reproches, bouderies, aventures extra-conjugales ne mettaient pas
en question, sauf dans des circonstances exceptionnelles, le mariage. On
ne se mariait pas pour être heureux, mais pour être mariés.

Aujourd'hui, nul ne sait où passe le point de rupture, où se situe le seuil
de la tolérance au malheur que l'on éprouve, ou à celui que l'on inflige. Plus
35 l'indépendance économique sera à portée des femmes, moins elles « fer-
meront les yeux », comme on le recommandait à leurs mères, sur leur aga-
cement, leurs désillusions ou leurs peines. Plus elles seront capables d'as-
surer cette indépendance, moins les hommes se sentiront obligés de les
supporter décevantes, ou pesantes.

40 La solidité du mariage, fût-il maussade, a fait place à la fragilité. Et on
a tout lieu de penser que cette fragilité ira croissant, qu'il sera de plus en
plus difficile de vivre, et de préserver, un long mariage tôt conclu.

Dès lors que l'insécurité tend à faire partie du mariage, que se passe-
rait-il si elle était *institutionnalisée*, tout en protégeant ce qui doit être pro-
45 tégé, c'est-à-dire les jeunes enfants ?

Supposons ceci :

Article 1 : aucun divorce ne peut être prononcé aussi longtemps qu'il y a
au foyer un enfant de moins de 5 ans. C'est bien le moins que l'on puisse
« sacrifier ».

50 Article 2 : le mariage devient un bail, reconduit par tranches de cinq ans.
À la fin de chaque tranche, les deux époux doivent renouveler leur engagement. La séparation peut être légalement acquise par simple *dénonciation* de l'un des deux intéressés à l'échéance du bail. Entre-temps, elle ne
peut pas être obtenue, sauf circonstances particulièrement graves.

55 Qu'arriverait-il ? (...)

Il se passerait bien des choses, et bien des changements dans les pos-
tures psychologiques, si chaque couple était en situation de se dire aujourd'hui : « En 1974, il faudra qu'il (ou elle) ait envie de renouveler notre
contrat. » Ou bien : « De toute façon, en 1974 je serai libre. » Que l'on y
60 songe un peu, chacun pour soi...

Mais tout cela est fou. Comme le mariage. Cette invention qui donne
la force de supporter à deux les ennuis que l'on ne connaîtrait pas si l'on
ne s'était pas mariés.

Françoise GIROUD, *L'Express* n° 952, 6 octobre 1969.

RÉSUMÉ

Vous résumerez ce texte ; le nombre de mots de votre résumé se situera entre 167 et 205. Vous indiquerez le nombre de mots que vous aurez utilisés.

VOCABULAIRE

Donnez le sens dans le texte des mots :
– institutionnaliser (ligne 44) ;
– dénonciation (ligne 53).

DISCUSSION

« Mais tout cela est fou. Comme le mariage. », écrit Françoise Giroud. Pourquoi, à votre avis, continue-t-on à se marier ?

POUR DÉMARRER

Le sujet du texte à résumer et de la discussion qui suit, a le mérite de l'originalité... Il peut aussi surprendre...

La contraction ne pose aucun problème particulier (on regroupera les paragraphes pour éviter l'impression d'émiettement).

Pour la discussion, faute d'expérience personnelle, on pourra toujours faire appel à ses lectures...

11

✱ ✱ ✱
PARTIES DU PROGRAMME ABORDÉES   COMMENTAIRE COMPOSÉ

Le roman du xxe siècle, Marcel Proust.
Marcel Proust : 1871-1922.

Marcel, le héros et le narrateur de À la recherche du temps perdu, *sur qui la duchesse de Guermantes vient de faire pleuvoir, au cours d'une soirée à l'Opéra,* « l'averse étincelante et céleste de son sourire », *plus que jamais fasciné par elle, ne vit désormais que pour la voir.*

Maintenant tous les matins, bien avant l'heure où elle sortait, j'allais par un long détour me poster à l'angle de la rue qu'elle descendait d'habitude, et, quand le moment de son passage me semblait proche, je remontais d'un air distrait, regardant dans une direction opposée, et levais les yeux vers elle dès que j'arrivais à sa hauteur, mais comme si je ne m'étais nullement attendu à la voir. Même les premiers jours, pour être plus sûr de ne pas la manquer, j'attendais devant la maison. Et chaque fois que la porte cochère s'ouvrait (laissant passer successivement tant de personnes qui n'étaient pas celle que j'attendais), son ébranlement se prolongeait ensuite dans mon cœur en oscillations qui mettaient longtemps à se calmer. Car jamais fanatique d'une grande comédienne qu'il ne connaît pas, allant faire « le pied de grue » devant la sortie des artistes, jamais foule exaspérée ou idolâtre réunie pour insulter ou porter en triomphe le condamné ou le grand homme qu'on croit être sur le point de voir passer chaque fois qu'on entend du bruit venu de l'intérieur de la prison ou du palais, ne furent aussi émus que je l'étais, attendant le départ de cette grande dame qui, dans sa toilette simple, savait, par la grâce de sa marche (toute différente de l'allure qu'elle avait quand elle entrait dans un salon ou dans une loge), faire de sa promenade matinale – il n'y avait pour moi qu'elle au monde qui se promenât – tout un poème d'élégance et la plus fine parure, la plus curieuse fleur du beau temps.

Marcel PROUST, Le Côté de Guermantes, Livre I, 1920.
Bibliothèque de La Pléiade, pages 58 et 59.

▶ **Vous ferez un commentaire composé de ce texte, en montrant par exemple, comment Proust a su exprimer l'importance qu'avaient pour le héros – et le narrateur – du livre les apparitions de la duchesse de Guermantes.**

POUR DÉMARRER

On s'attachera essentiellement à l'étude des sentiments éprouvés par le narrateur et surtout à leur transcription littéraire : rôle des signes de ponctuation, par exemple (parenthèses...) ou des rythmes (la longue phrase finale qui occupe la moitié de l'extrait) et des comparaisons... On n'oubliera pas non plus de dégager l'humour du passage...

12 ✱✱
PARTIES DU PROGRAMME ABORDÉES — DISSERTATION LITTÉRAIRE

Le roman, le portrait.

▶ **Quel est, dans un roman, le rôle des portraits ?**

Vous appuierez vos réflexions sur des exemples pris dans vos lectures.

POUR DÉMARRER

Pour ce genre de sujet, très vaste, il ne s'agira pas d'entreprendre un travail exhaustif – infaisable par définition. On se contentera de dégager trois ou quatre fonctions clairement distinctes – et de les traiter de façon complète, en s'appuyant naturellement sur un bon choix d'exemples (des romans du XVIIe à ceux du XXe siècle)... Ce travail pourra déboucher sur une réflexion plus générale sur le genre romanesque...

Exercices avec solutions

DES OUVRAGES CONFORMES AUX
NOUVEAUX PROGRAMMES.

DES RAPPELS DE COURS.

DES QUESTIONS POUR CONTRÔLER
L'ASSIMILATION DU COURS.

DES EXERCICES AVEC DES SOLUTIONS
ENTIÈREMENT RÉDIGÉS.

En vente chez votre libraire

BAC

en poche

Dᴇꜱ ᴏᴜᴠʀᴀɢᴇꜱ ꜱʏɴᴛʜᴇ́ᴛɪQᴜᴇꜱ

Uɴᴇ ʀᴇ́ᴠɪꜱɪᴏɴ ʀᴀᴘɪᴅᴇ ᴅᴜ ᴘʀᴏɢʀᴀᴍᴍᴇ

Lᴀ ᴍᴇ́ᴍᴏʀɪꜱᴀᴛɪᴏɴ ᴅᴇꜱ ᴘᴏɪɴᴛꜱ

ᴇꜱꜱᴇɴᴛɪᴇʟꜱ.

En Chimie - Économie - Français - Géographie -
Histoire - Histoire littéraire - Philosophie.

En vente chez votre libraire

Antilles – Guyane

Séries A, B, C, D, D', E

13

✹✹
THÈME TRAITÉ   Cᴏɴᴛʀᴀᴄᴛɪᴏɴ ᴅᴇ ᴛᴇxᴛᴇ

Problèmes de société : l'écriture et l'audiovisuel.   → **ᴄᴏʀʀɪɢÉ**

Déclin de l'écriture

L'éloge de l'écriture ne peut aujourd'hui se prononcer qu'au passé. La civilisation de l'imprimé est entrée en décadence au milieu du XXᵉ siècle. Au règne de la *graphie* succède, depuis quelques dizaines d'années, le règne de la *phonie* et de la *scopie*. Révolution technologique dont les hommes d'au-
5 jourd'hui consomment les fruits avec allégresse sans prendre conscience qu'il s'agit là tout ensemble d'une révolution anthropologique, d'une remise en question des fondements mêmes de l'existence individuelle. L'introduction au foyer familial d'un appareil téléphonique, d'un récepteur de radiodiffusion ou de télévision, d'un magnétoscope suscite de la part des intéres-
10 sés un mouvement d'allégresse ; ils vont être admis dans un cercle nouveau de la communication, bénéficiant ainsi de possibilités élargies d'initiation à la culture universelle. À première vue, un enrichissement des possibilités humaines.

[…] Au contraire, la nouvelle civilisation de la *phonie* et de la *scopie* des-
15 saisit la main de certaines de ses attributions fondamentales. Exemple banal, la diffusion de la communication téléphonique, peu à peu entrée dans la pratique journalière, au détriment de la correspondance scripturaire. On écrit de moins en moins de lettres, et le courrier postal atteste la diminution constante des missives privées, dont la proportion ne cesse de dimi-
20 nuer devant celle des lettres d'affaires et des circulaires en tous genres. Les relations commerciales exigent en effet des traces écrites et des signatures ; de même pour les documents officiels. Il n'en est pas de même pour les relations familières et familiales. Un coup de téléphone coûte moins d'efforts qu'une lettre ; il permet d'entendre la voix et l'avis de l'interlocuteur, il au-
25 torise les bavardages interminables chers au cœur féminin, et parfois masculin. De plus, la relation instantanée annule les délais d'attente de la ré-

ponse. Solution de facilité, qui transfère une grande partie de la vie familière et familiale, en cas de séparation proche ou lointaine, sur le réseau des télécommunications. Aujourd'hui Madame de Sévigné téléphonerait à
30 sa fille chaque soir pour lui donner le film de la journée, à l'heure où diminue le coût de la communication. Mais nous n'aurions pas les lettres de Madame de Sévigné, chronique irremplaçable d'une époque. Ni la correspondance de Schiller et de Goethe, ni les lettres à Victor Hugo de Juliette Drouet.

35   Par-delà le dépérissement d'un genre littéraire, la différence entre la *graphie* et la *phonie* ne concerne pas seulement l'expression formelle du message communiqué ; elle met en cause aussi sa substance. Je décide de téléphoner à quelqu'un ; je prends l'appareil et je lui dis ce que j'ai à lui dire, sans délai, selon l'ordre de l'improvisation. Écrire une lettre est une opé-
40 ration complexe, qui demande des conditions propices. Je peux téléphoner d'un appareil installé en pleine rue, n'importe où ; écrire demande un espace favorable, un lieu bénéficiant d'une suffisante tranquillité, et aussi un temps, car la rédaction de la lettre occupe une certaine durée. Le débit de l'écriture est plus lent que celui de la parole ; de là un certain retard de
45 l'écrit, qui permet un délai de la réflexion. On n'écrit pas comme on parle, on pèse ses mots, on surveille ses phrases ; la lettre la plus familière n'a pas le négligé, le débraillé de la conversation. Bon gré, mal gré, l'exigence autographique doit se soumettre aux disciplines de l'orthographe et de la grammaire [...].

50   Ce délaissement de l'écriture et de son exigence va de pair avec les nouvelles techniques de la phonie. À la limite, l'homme le plus civilisé d'aujourd'hui pourrait être un illettré ; il n'aurait plus besoin de savoir ses lettres à l'âge du magnétophone, tout de même que la multiplication des machines à calculer, petites ou grandes, dispense les enfants des écoles de connaître
55 les rudiments de l'arithmétique et de la table de multiplication. On ne devrait pourtant pas négliger le fait que le recours systématique aux technologies disponibles a pour effet de démobiliser une partie des fonctions mentales des enfants, dispensés de tout effort de ce côté [...]. Il ne semble pas que le dépérissement de l'écriture, générateur de dangers certains pour la
60 vie mentale, amoindrie par la facilité, ait donné lieu à des procédures de substitution de la part des autorités pédagogiques ; elles semblent s'accommoder fort bien de l'ère de facilité qui s'est instaurée aujourd'hui.

Georges GUSDORF, *Autobiographie*, Éd. Odile Jacob, 1991.

RÉSUMÉ

Vous résumerez ce texte en 180 mots, une marge de 10 % en plus ou en moins étant admise. Vous indiquerez à la fin de votre résumé le nombre de mots que vous aurez utilisés.

VOCABULAIRE

Vous donnerez le sens, dans le texte, des expressions soulignées :
- elle met en cause aussi sa substance (ligne 37) ;
- procédures de substitution (lignes 60-61).

DISCUSSION

Georges Gusdorf écrit : « À la limite, l'homme le plus civilisé d'aujourd'hui pourrait être un illettré. »
Croyez-vous personnellement que l'homme moderne puisse se passer de l'écriture ? Vous justifierez votre point de vue en vous appuyant sur des exemples précis.

POUR DÉMARRER

Le texte ne pose guère de problèmes de contraction... On conservera naturellement l'exemple, essentiel, du 2e paragraphe (le coup de téléphone opposé à la lettre) – puisqu'il a valeur d'argument. L'abstraction de la dernière partie est peut-être plus délicate à restituer.

La discussion part d'une citation provocante et paradoxale, naturellement excessive. On orientera la réflexion sur deux axes : n'a-t-on vraiment plus besoin de l'écriture ? (les exemples les plus simples du quotidien pourront le contraire) ; pourquoi la notion de civilisation serait-elle systématiquement associée à celle d'écriture ?

✿ ✿
PARTIE DU PROGRAMME ABORDÉE   COMMENTAIRE COMPOSÉ

La poésie contemporaine, Robert Desnos.
Robert Desnos : 1900-1945.

La prairie du revenez-y [1]

Revenez-y les vieilles
allez-y les jeunes
Les arbres grandissent jusqu'à la lune
Et meurent comme les vieilles

Ainsi va la vie les vieilles !
ainsi va la vie les jeunes
Les joues d'abricots se rideront
Les joues se rideront comme les joues des vieilles
Et les larmes sur elles couleront.

ainsi vont les baisers les vieilles
ainsi vont les baisers les jeunes
L'éclair des beaux yeux s'éteindra
Comme s'éteint la flamme des bougies vieilles
Et la cire comme les larmes coule.

Mais jamais ne mourra l'amour Ô ! vieilles
Jamais l'amour ne mourra au cœur des jeunes
Toujours l'éclair rayera n'importe quel orage
La flamme de la vie et de l'amour
Toujours rayonnera dans les profondes ténèbres

Ce n'est pas vrai, ce n'est pas vrai
Jamais ne mourra la couleur de vos joues
Pousse le blé le bluet et l'ivraie
Et la rougeur des baisers à vos cous
Rien ne meurt la mort n'est pas vraie.

> Robert DESNOS (1900-1945), *Destinée arbitraire*, NRF Poésie/Gallimard.

1. Revenez-y : retour vers le passé.

▶ **Vous rédigerez de ce poème un commentaire composé. Vous montrerez, par exemple, par quels moyens Robert Desnos renouvelle un thème poétique traditionnel.**

POUR DÉMARRER

Ce poème pourra être expliqué correctement si on suit les indications du libellé : un thème traditionnel (la fuite du temps – l'amour et la mort) renouvelé par une expression poétique originale : on sera attentif aux rythmes, au vocabulaire, à la musicalité – et à l'humour – de l'ensemble. On accordera une importance particulière au dernier vers.

15

** *

PARTIE DU PROGRAMME ABORDÉE   DISSERTATION LITTÉRAIRE

La fonction de l'écrivain...

Aimé Césaire écrit dans *Cahier d'un retour au pays natal* : « *Ma bouche sera la bouche des malheurs qui n'ont point de bouche, ma voix, la liberté de celles qui s'affaissent au cachot du désespoir...* ».

▶ **Analysez ces propos et dites, en appuyant votre argumentation sur des exemples précis, quel rôle vous attribuez à l'écrivain.**

POUR DÉMARRER

Sujet, assez classique, sur le rôle de l'écriture : à quoi sert un écrivain ? On partira de la phrase proposée en sujet qui évoque en quelque sorte sa mission sociale : le poète est le porte-parole de tous ceux qui n'ont pas de parole, ou qui ne savent ni ne peuvent la prendre...

On pourra élargir ensuite la réflexion et chercher d'autres fonctions possibles (qui d'ailleurs reviennent toutes plus ou moins à celle évoquée par Césaire...) : témoigner, donner à voir, dénoncer, etc.

Algérie

Séries A, B, C, D, D'

Le public de jadis ne se posait pas de problèmes : pour lui, une peinture *représentait* quelque chose. Le public d'aujourd'hui, plus averti et peut-être plus désemparé, a appris qu'il est en droit et qu'il a même le devoir de réclamer autre chose d'un tableau. Nombreux sont ceux qui, dans le zèle de
5 cette découverte et dans l'élan de la réaction qu'elle a provoquée, en sont venus à croire qu'il y a antinomie[1] entre l'art et le réalisme et que **l'art**, à moins de déchoir, **ne doit plus frayer avec le réel.** Cette nouvelle notion est aussi simpliste et excessive que la précédente. L'art mérite un point de vue plus détaché des passions actuelles et des modes qu'elles engendrent. Il réclame
10 qu'on oublie le vain et excitant débat qui oppose de nos jours Figuratifs et Abstraits : ce tournoi fracassant sera bientôt aussi dépassé et aussi vain que celui qui dressa, voici un siècle, les Romantiques contre les Classiques.

En vérité, l'art met en jeu trois partenaires. L'un, naguère trop envahissant et aujourd'hui trop méprisé, est la nature. Elle équivaut à la car-
15 rière où l'architecte puise les pierres avec lesquelles il édifiera son œuvre ; à l'artiste, elle fournit des matériaux, — et, Dieu merci, des émotions.

Le second est constitué par les moyens, passifs ou actifs, dont dispose l'artiste. La peinture, sur laquelle, parmi tous les arts plastiques, l'intérêt
20 sera ici concentré, dispose d'un moyen passif : une surface égale et préparée en clair, toile, panneau, mur…, et de moyens actifs d'exécution : lignes et couleurs « en un certain ordre assemblées » pour reprendre et étendre la formule désormais célèbre de Maurice Denis[2].

Et il reste le troisième partenaire, le plus important : l'artiste. C'est lui
25 qui va à la carrière de la nature pour y chercher, y tailler et en emporter les pierres dont il a besoin ; c'est lui aussi qui, de toute son intelligence, de toute sa sensibilité, de toute sa volonté, dirige et dispose les taches et les formes

qui vont naître des tracés et des teintes. **Dans les deux cas, par un jeu su-**
périeur qui se dépasse, il cherche à s'exprimer afin de communiquer aux
30 autres ce dont il se sent détenteur. L'art est donc essentiellement un langage. Puisqu'il se donne pour mission de communiquer, il lui faut user d'al-
lusions à ce que les autres peuvent connaître ou reconnaître. Il le fera par
reproductions, par signes ou par symboles. Et, dans la mesure où un langage parlé a recours aux mots d'un dictionnaire, il lui faudra faire appel aux
35 images de tous les jours : un arbre, une figure, – ou à un usage conventionnel.
Comme tout langage, l'art cherchera à dépasser la simple pratique d'un
répertoire. L'écrivain use du vocabulaire et de la grammaire qui sont admis,
mais sa magie consiste à les élever jusqu'à la beauté dont ils sont susceptibles ; le prosateur et le poète ne seront grands que dans la mesure où ils
40 franchiront le seuil donnant accès à la musique, à l'incantation, **à l'en-**
voûtement du verbe. De même, l'artiste usera de ses lignes et de ses couleurs pour provoquer une délectation spéciale qui sera parfois si pleine qu'elle
semblera pouvoir se suffire à elle-même. Ces pouvoirs sont ceux de la « plas-
tique », pour donner au mot le sens élargi qu'on s'accorde à lui attribuer
45 depuis quelques années.

Mais nous savons bien que le langage n'est pas fait pour répéter simplement des notions connues de tous, — qu'il ne trouve pas non plus l'ac-
complissement de sa fonction dans la musique dont il peut se parer : il reste
avant tout un effort de l'homme pour se révéler aux autres. Le langage de
50 l'art ne saurait échapper à cette vocation. Il dispose d'une base : l'expérience
visuelle de la réalité, qui peut se réduire, il est vrai, à l'état de souvenir loin-
tain, d'allusion ; il a une structure qui crée sa beauté harmonique ; il est
soumis à une fonction essentielle : établir une communication entre les
hommes, c'est-à-dire entre les spectateurs et un artiste qui sent différem-
55 ment, avec plus d'intensité, de qualité, d'originalité et qui, à ce titre, requiert
l'attention des autres pour les enrichir de l'écho de sa propre vie intérieure.

René HUYGUE, *Les puissances de l'image*, 1965.

1. Antinomie : contradiction, incompatibilité.
2. Maurice Denis : peintre et écrivain (1870-1943).

RÉSUMÉ

Vous résumerez ce texte en 185 mots (un écart de 10 % en plus ou en moins
est autorisé). Vous indiquerez à la fin du résumé le nombre de mots employés.

VOCABULAIRE

Expliquez le sens des mots et expressions suivants :
– l'art ne doit plus frayer avec le réel (ligne 7) ;
– l'envoûtement du verbe (lignes 40-41).

DISCUSSION

Avez-vous le sentiment que l'intérêt que vous portez aux œuvres littéraires et artistiques provient de ce que l'artiste « sent différemment, avec plus d'intensité, de qualité, d'originalité » et donc vient vous « enrichir de l'écho de sa propre vie intérieure » ?

POUR DÉMARRER

Le texte proposé, fort intéressant au demeurant, peut poser quelques problèmes de compréhension (vocabulaire utilisé) et surtout de « réécriture »... Il a néanmoins le mérite d'être clairement structuré.

Quant à la discussion, par exception notable, elle fait appel aux connaissances littéraires et artistiques, se rapprochant en cela des sujet de composition française... On sera, nécessairement, moins ambitieux que dans ce dernier type de devoir en accentuant – et centrant – la réflexion sur la particularité de l'artiste – ce qui le rapproche et le distingue des autres. On n'oubliera pas les exemples précis.

17

PARTIE DU PROGRAMME ABORDÉE ** COMMENTAIRE COMPOSÉ

Le roman du xixᵉ siècle, Zola, l'art de la description, → **CORRIGÉ**
roman et histoire.
Émile Zola : 1840-1902.

La Débâcle raconte l'effondrement du Second Empire au terme de la guerre franco-prussienne (1870). Le roman s'achève sur la répression sanglante qui a mis fin à la Commune de Paris (28 mai 1871). Jean Macquart, bouleversé par la mort d'un ami, contemple, dans les dernières pages du roman, la capitale incendiée par les Communards désespérés.

Jean, plein d'angoisse, se retourna vers Paris. À cette fin si claire d'un beau dimanche, le soleil oblique, au ras de l'horizon, éclairait la ville immense d'une ardente lueur rouge. On aurait dit un soleil de sang, sur une mer sans borne. Les vitres des milliers de fenêtres braisillaient[1], comme attisées sous des soufflets invisibles ; les toitures s'embrasaient, telles que des lits de charbons ; les pans de murailles jaunes, les hauts monuments, couleur de rouille, flambaient avec les pétillements de brusques feux de fagots, dans l'air du soir. Et n'était-ce pas la gerbe finale, le gigantesque bouquet de pourpre, Paris entier brûlant ainsi qu'une fascine [2] géante, une antique forêt sèche, s'envolant au ciel d'un coup, en un vol de flammèches et d'étincelles ? Les incendies continuaient, de grosses fumées rousses montaient toujours, on entendait une rumeur énorme, peut-être les derniers râles des fusillés, à la caserne Lobau [3], peut-être la joie des femmes et le rire des enfants, dînant dehors après l'heureuse promenade, assis aux portes des marchands de vin. Des maisons et des édifices saccagés, des rues éventrées, de tant de ruines et de tant de souffrances, la vie grondait encore, au milieu du flamboiement de ce royal coucher d'astre, dans lequel Paris achevait de se consumer en braise.

Alors, Jean eut une sensation extraordinaire. Il lui sembla, dans cette lente tombée du jour, au-dessus de cette cité en flammes, qu'une aurore déjà se levait.

Émile ZOLA, *La Débâcle*, 1892.

1. Braisillaient : brillaient d'une lueur rougeâtre.
2. Fascine : fagot de bois sec.
3. La caserne Lobau : lieu où étaient fusillés les Communards condamnés par la cour martiale.

▶ **Vous ferez de ce texte un commentaire composé. Vous pourrez, par exemple, étudier comment l'écrivain donne vie et signification au spectacle tragique de Paris incendié.**

POUR DÉMARRER

On pourra ici appliquer le plan « classique » : le texte présente d'abord des « informations » (narrateur ? de quoi s'agit-il ? contexte historique ?) ; c'est aussi un texte poétique, voire épique (couleur dominante ? images ? jeux de contrastes ?) ; enfin l'extrait est plein d'intentions précises (idéologie, symboles, etc.) qu'on essaiera de dégager.

18

✿ ✿
PARTIE DU PROGRAMME ABORDÉE   DISSERTATION LITTÉRAIRE
Le théâtre comique ; l'identification au personnage.

▶ **Selon un critique contemporain, au théâtre, le comique
« naît dès que je ne me sens plus en jeu, dès que je renie
toute ressemblance avec le personnage ».**

**En vous appuyant sur les pièces que vous connaissez, vous
expliquerez et vous discuterez ce jugement.**

POUR DÉMARRER

Le sujet invite à réfléchir sur la notion du comique au théâtre et sur le problème de l'identification : la thèse à discuter étant justement que le comique
naît de l'absence d'identification. On cherchera des exemples pour illustrer
ce point de vue, dans le théâtre classique et moderne ; mais le sujet invite à
discuter (donc à envisager un point de vue contraire) : on se demandera donc
à la fois si cette « distance » suffit à faire naître le comique ; et d'autre part si
on ne peut en aucun cas s'identifier à un personnage comique (distinction
comique – ridicule, etc.).

AVEC SOLUTIONS

EXO
POCHE

UN RAPPEL DÉTAILLÉ DU COURS

UNE SÉRIE DE TESTS SUR LA
COMPRÉHENSION DU COURS

DES EXERCICES VARIÉS, NOMBREUX,
À RÉSOUDRE AVEC LEURS CORRECTIONS

En vente chez votre libraire

36.15
VUIBERT

DES CONSEILS POUR PRÉPARER EFFICACEMENT VOS EXAMENS.

LES LIVRES VUIBERT POUR RÉUSSIR.

LES CORRIGÉS DE LA DERNIÈRE SESSION.

LE JOUR MÊME DES ÉPREUVES, TOUS LES CORRIGÉS DE TOUTES LES MATIÈRES.

DES RÉPONSES CLAIRES AUX QUESTIONS QUE VOUS VOUS POSEZ SUR L'ORIENTATION.

Amérique du Nord

Séries A, B, C, D, D', E

Une langue commune représente certainement le lien le plus fort entre peuples appartenant à des aires culturelles diverses et à tous les continents, le facteur le plus puissant et le plus fécond de coopération et cela, en dépit et au-delà de la différence des régimes, des options, des orientations de toutes
5 sortes. Plus que les idéologies, que les religions, que les intérêts économiques, que la proximité géographique même, la pratique d'une langue commune non seulement facilite mais appelle et conforte l'expression de la solidarité, sous réserve certes que cette langue soit parfaitement maîtrisée et, davantage, sentie comme part de soi, de son héritage.

10 C'est particulièrement vrai en ce qui concerne l'ensemble francophone, en raison de la distribution géographique des peuples qui le constituent et de la diversité des civilisations dont ils témoignent aussi bien que de la variété des idéologies dont ils se réclament, implicitement ou explicitement. Cela explique que certaines personnalités ont pu affirmer, non sans quelque
15 excès lyrique, que le français est la langue du non-alignement[1] : la formule exige certes d'être nuancée mais traduit incontestablement une part de vérité.

Parler de francophonie, c'est parler de langue française : celle-là n'existerait évidemment pas sans celle-ci, mais celle-ci a pour une part son ave-
20 nir inscrit dans celle-là. Elles sont naturellement indissociables : aussi, devient-il parfaitement vain et stérile de se demander si la langue française est au service de la communauté francophone ou *vice versa*. C'est peut-être

---

1. *Non-alignement* : dans les années 1950-1960, mouvement des pays pauvres refusant le partage du monde en deux grands blocs, l'Est et l'Ouest, et revendiquant ainsi leur indépendance.

le lieu de rappeler ici la parole de Gramsci[2] voulant que « les langues (soient) traitées comme des conceptions du monde ». Voilà qui semble singulière-
25 ment juste aujourd'hui de la langue française : elle répond dans une certaine mesure de toutes les autres et pour toutes les autres, qui sont toutes pareillement menacées par l'hégémonie d'une seule langue et d'un seul modèle socio-culturel. Défendre et conforter les langues aujourd'hui, toutes les langues et les cultures qui les sous-tendent, c'est exorciser le risque de
30 la désertification spirituelle et préserver les chances de l'humanisme pour les générations qui viennent.

S'il y avait dans le monde actuel un pays de langue française qui fût, en termes de population et de puissance, l'équivalent des États-Unis, les données du problème seraient radicalement changées. Cela ne supprime-
35 rait évidemment pas l'intérêt du regroupement des pays de langue française mais le rendrait à la fois plus aisé et moins urgent, voire nettement moins nécessaire. De même, deviendrait parfaitement vain ou artificiel le débat sur le statut international et sur l'usage du français, l'un et l'autre allant de soi en raison de la situation de puissance du principal pays locu-
40 teur. C'est en effet la puissance des États-Unis dans les divers domaines et leur pouvoir d'attraction qui ont assuré à la langue anglaise depuis quelques décennies une diffusion foudroyante et lui ont conféré le rôle de première langue internationale, laissant loin derrière elle les autres langues qui peuvent encore, dans une certaine mesure, prétendre à ce titre. Au reste, l'his-
45 toire enseigne avec éloquence que la diffusion d'une langue et le rayonnement d'une culture donnée ont été le plus souvent la conséquence de la vitalité, de la puissance, du dynamisme conquérant du pays qui était le foyer, unique ou principal, de cette langue. L'extraordinaire rayonnement du français au cours des XVIIᵉ et XVIIIᵉ siècles n'a rien dû à une communauté de pays fran-
50 cophones non plus qu'à un empire mais a tenu essentiellement à la fois à la puissance militaire, à l'autorité politique, au dynamisme économique et au rayonnement intellectuel de la France.

Il est constant que les phases de grande expansion, d'essor d'un pays donné se manifestent simultanément dans tous les ordres : la confiance en
55 soi, l'affirmation, la vitalité ne se divisent pas. Il en va de même, d'ailleurs, dans les périodes de stagnation ou de régression, la morosité, le repli et la démission s'exprimant alors en même temps sur tous les plans.

---

2. *Gramsci* : homme politique et écrivain italien (1891-1937).

C'est dire que la future communauté des pays de langue française n'aura de signification, de portée et au reste ne saura durer que si elle est le ras-
60 semblement de pays inventifs et dynamiques, profondément soucieux de développement dans tous les ordres, conciliant la passion de leur héritage et la maîtrise de la modernité, sachant définir et incarner une façon origi-nale d'être présent au XXIe siècle, d'en être partie prenante.

Jean-Marc LÉGER, *La Francophonie : grand desseins, grande ambiguïté*, 1987.

RÉSUMÉ

Vous résumerez ce texte en 190 mots (un écart de 10 % en plus ou en moins sera admis). Vous indiquerez sur votre copie le nombre de mots que vous aurez employés.

VOCABULAIRE

Vous expliquerez les expressions suivantes :
– « des aires culturelles diverses » (ligne 2) ;
– « la désertification spirituelle » (ligne 30).

DISCUSSION

Pensez-vous, comme l'auteur de ce texte, que « *la pratique d'une langue com-mune non seulement facilite mais appelle et conforte l'expression de la solidarité* ».
Vous répondrez à cette question dans un développement composé, préci-sément argumenté et illustré d'exemples.

POUR DÉMARRER

Le texte est assez long, mais ne présente pas de difficultés particulières – ni de compréhension ni de contraction. La discussion, en revanche, n'est pas simple : elle nécessite une bonne culture... On centrera la réflexion sur la no-tion de « solidarité » (à définir précisément) : pratiquer une même langue est-il suffisant ? ne peut-on trouver d'autres « ciments » que la langue commune pour unir des individus ? (religion, etc.) N'y-a-t'il pas à l'intérieur d'une même communauté de langue, des motifs de « désunion » ? (maîtrise plus ou moins grande, usage différent de celle-ci, argots marquant des clivages sociaux, etc.).

✿ ✿ ✿
PARTIE DU PROGRAMME ABORDÉE   COMMENTAIRE COMPOSÉ

Le roman, l'autobiographie.
Pierre Loti : 1850-1923.

Dans le Roman *d'un enfant, œuvre largement autobiographique, l'écrivain Pierre Loti (1850-1923) se met en quête de sa propre enfance. L'extrait ci-des-sous constitue le début du roman.*

C'est avec une sorte de crainte que je touche à l'énigme de mes impressions du commencement de la vie, – incertain si bien réellement je les éprouvais moi-même ou si plutôt elles n'étaient pas des ressouvenirs mystérieusement transmis... J'ai comme une hésitation religieuse à sonder cet abîme...

5 Au sortir de ma nuit première, mon esprit ne s'est pas éclairé progressivement, par lueurs graduées : mais par jets de clartés brusques – qui devaient dilater tout à coup mes yeux d'enfant et m'immobiliser dans des rêveries attentives – puis qui s'éteignaient, me replongeant dans l'inconscience absolue des petits animaux qui viennent de naître, des petites plantes à peine 10 germées.

Au début de l'existence, mon histoire serait simplement celle d'un enfant très choyé, très tenu, très obéissant et toujours convenable dans ses petites manières, auquel rien n'arrivait, dans son étroite sphère ouatée, qui ne fût prévu, et qu'aucun coup n'atteignait qui ne fût amorti avec une sol-15 licitude tendre.

Aussi voudrais-je ne pas écrire cette histoire qui serait fastidieuse : mais seulement noter, sans suite ni transitions, des instants qui m'ont frappé d'une étrange manière, – qui m'ont frappé tellement que je m'en souviens encore avec une netteté complète, aujourd'hui que j'ai oublié déjà tant de choses 20 poignantes, et tant de lieux, tant d'aventures, tant de visages.

J'étais en ce temps-là un peu comme serait une hirondelle, née d'hier, très haut à l'angle d'un toit, qui commencerait à ouvrir de temps à autre au bord du nid son petit œil d'oiseau et s'imaginerait, de là, en regardant simplement une cour ou une rue, voir les profondeurs du monde et de l'es-25 pace, – les grandes étendues de l'air que plus tard il lui faudra parcourir. Ainsi, durant ces minutes de clairvoyance, j'apercevais furtivement toutes sortes d'infinis, dont je possédais déjà sans doute, dans ma tête, antérieurement à ma propre existence, les conceptions latentes : puis, refermant malgré moi l'œil encore trouble de mon esprit, je retombais pour des jours 30 entiers dans ma tranquille nuit initiale.

Pierre LOTI, *le Roman d'un enfant*, 1890.

▶ **Vous ferez de ce texte un commentaire composé.**
Vous pourrez, par exemple, montrer comment le narrateur
nous fait part, au début de cette œuvre, des difficultés de
son entreprise.

POUR DÉMARRER

Le commentaire permet de s'interroger sur le genre autobiographique ; ce beau texte est en outre l'occasion d'un intéressant rapprochement à effectuer entre début de vie et début de roman (ou d'autobiographie) : à la nuit du néant succède la lumière de la création (de la vie ou de l'art).

On analysera aussi l'évocation de l'enfance – et le regard que l'écrivain jette sur cette évocation (en les distinguant nettement) – car ce texte autobiographique est aussi une réflexion sur l'autobiographie.

21

** ✿ ✿
PARTIE DU PROGRAMME ABORDÉE

La littérature en général.

DISSERTATION LITTÉRAIRE

→ **CORRIGÉ**

Qu'est-ce que, selon vous, qu'un bon livre ?

▶ **Vous répondrez à cette question en vous appuyant sur des exemples précis tirés de votre expérience personnelle de lecteur.**

POUR DÉMARRER

Ce sujet, très classique, laisse ouverte une grande quantité de possibilités... Le principal travail consistera à limiter le choix pour éviter un devoir émietté à l'excès : on se contentera donc de centrer la réflexion sur des points essentiels : le genre du livre par exemple (roman, poésie, théâtre, philosophie, souvenirs, etc.) ou l'attirance par un thème, une époque, un certain type de personnage ou d'informations... On n'oubliera pas que le sujet spécifie « livre » et non « lecture » (on ne parlera donc pas de journaux...). On sera particulièrement attentif au choix des exemples. On jouera pleinement la carte de la subjectivité : ce genre de devoir ne saurait être apprécié qu'en fonction de la qualité et de la rigueur des arguments, quels qu'ils soient.

Groupement 1 (Lille)

Séries F, G, H

Notes « *comprises à l'envers* », « *erreur stupide de jugement* », réunions qui s'éternisent ou tournent au dialogue de sourds faute d'une utilisation assez précise de la langue... on n'en finirait pas de dresser l'inventaire des signes d'un déficit en culture générale dans les entreprises.

5   Le problème n'est pas nouveau. Mais l'absence de culture générale est en train de devenir un handicap pour toutes les catégories de salariés. Car il devient de plus en plus nécessaire à chacun d'élargir son horizon mental pour faire un usage pertinent de ses connaissances professionnelles, techniques, scientifiques, voire commerciales ou de gestion.

10   Les chefs d'entreprise se sont ainsi mis à parler de « *culture d'entreprise* ». Si l'expression est trop ambitieuse pour ce qu'elle recouvre, elle est le signe à ne pas négliger d'une évolution importante : la culture est bel et bien en train d'investir le monde de l'entreprise, ou du moins, elle frappe à la porte d'une manière de plus en plus pressante, exigeante, multiforme.

15   D'une part, les entreprises sont tenues désormais, pour survivre, de mobiliser non plus seulement des bras et des stocks de connaissances, mais tout le dynamisme créateur des humains qui les constituent. D'autre part, la mondialisation des échanges, l'âpreté de la compétition économique, le poids croissant des opinions publiques imposent de plus en plus aux entreprises de

20 prendre en compte les grandes réalités sociales, politiques, culturelles.

    Les entreprises sont ainsi mises au défi, comme le souligne Bruno Lussato, animateur du Centre culturel pour entreprise des Capucins à Montfort-l'Amaury (Yvelines), « *de faire une place grandissante à la pensée qualitative alors qu'elles fonctionnaient jusqu'ici essentiellement sur le rai-*

25 *sonnement quantitatif* ». Et le langage, véhicule de cette nouvelle complexité, prend soudain une importance considérable. D'où, notamment, une floraison de stages sur la « communication ». Mais force est de constater que ce qui

pourrait être culture s'y dégrade souvent en recettes pour « motiver », canaliser, faire dire ce qu'on veut entendre. *« Tous tiennent les mêmes pro-*
30 *pos, ressassent les mêmes mots »*, constate, effaré, un psychanalyste appelé à intervenir dans une entreprise. On est passé, conviennent les plus lucides, de l'entreprise de type militaire à *« l'entreprise-couvent »*, *« où l'on ensoutane[1] tout le monde, où l'on fait réciter la prière du matin et du soir... »*.

Quant aux formations dispensées aux cadres pour réduire leurs lacunes
35 dans le domaine des lettres, des arts et des sciences humaines, elles ne font souvent qu'augmenter le flot d'informations qui déjà les submerge. Car on manque moins, dans l'entreprise, de connaissances, fussent-elles littéraires, que de ce qui est au cœur même de la culture : la capacité de critiquer et d'innover, l'aptitude à assumer l'ampleur, la complexité, l'incertitude du réel.

Marie-Claude BETBEDER, Le Monde, 10.10.1990.

1. Ensoutaner : revêtir d'une soutane (robe de prêtre).

RÉSUMÉ
Vous résumerez ce texte en 120 mots.
Une marge de 10 % en plus ou en moins est admise.
Vous indiquerez, à la fin de votre résumé, le nombre de mots utilisés.

VOCABULAIRE
Vous expliquerez le sens, dans le texte, des expressions :
– « culture d'entreprise » (ligne 10) ;
– « pensée qualitative » (lignes 23-24).

DISCUSSION
Quelles sont à votre avis les différentes formes de « culture » qui permettent à l'homme d'aujourd'hui d'augmenter sa « capacité de critiquer et d'innover », « son aptitude à assumer l'ampleur, la complexité, l'incertitude du réel » ?
Vous appuierez votre argumentation d'exemples précis tirés de votre observation de la société qui vous entoure.

POUR DÉMARRER

Le texte présente de nombreuses difficultés, moins de compréhension – malgré le vocabulaire « technique » utilisé – que de « mise en forme » lors de la contraction (ne serait-ce qu'à cause de l'abondance des citations) : on remarquera que le thème traité concerne, malgré la première phrase, non les lacunes du langage – mais celles d'un certain type de culture, lié à l'absence d'esprit critique. La discussion fait appel explicitement à « l'observation » : on pourra centrer la réflexion sur, par exemple, la passivité des gens face aux médias... et le rôle prioritaire que pourrait jouer l'enseignement dans ce développement de l'esprit critique.

23 ✷✷
PARTIES DU PROGRAMME ABORDÉES   COMMENTAIRE COMPOSÉ

L'épopée ; V. Hugo.
Victor Hugo : 1802-1885.

Le jeune chevalier Angus s'est attaqué au géant Tiphaine pour honorer un serment fait à son père mourant. Mais le géant est bien trop fort...

Ah ! pauvre douce tête au gouffre abandonnée !
Il s'échappe, il s'esquive, il s'enfonce à travers
Les hasards de la fuite obscurément ouverts,
Hagard, à perdre haleine, et sans choisir sa route ;
Une clairière s'offre, il s'arrête, il écoute,
Le voilà seul ; peut-être un dieu l'a-t-il conduit ?
Tout à coup il entend dans les branches du bruit...

Ainsi dans le sommeil notre âme d'effroi pleine
Parfois s'évade et sent derrière elle l'haleine
De quelque noir cheval de l'ombre et de la nuit ;
On s'aperçoit qu'au fond du rêve on vous poursuit
Angus tourne la tête, il regarde en arrière ;
Tiphaine monstrueux bondit dans la clairière,
O terreur ! et l'enfant, blême, égaré, sans voix
Court et voudrait se fondre avec l'ombre des bois.
L'un fuit, l'autre poursuit. Acharnement lugubre !
Rien, ni le roc debout, ni l'étang insalubre,
Ni le houx épineux, ni le torrent profond,
Rien n'arrête leur course ; ils vont, ils vont, ils vont !

Victor HUGO, *La Légende des siècles*, L'Aigle du casque, 1877.

▶ **Vous ferez de ce texte un commentaire composé en étudiant par exemple comment la forme poétique du texte est mise au service du récit, de sorte que celui-ci prend une dimension fantastique.**

POUR DÉMARRER

Le libellé suggère un plan : on pourra analyser d'abord les techniques du récit. Puis le regard poétique de l'auteur, métamorphosant en quelque sorte le réel. Une dernière partie sera consacrée au caractère fantastique de la vision... On sera attentif à l'étude des rythmes et des figures de style.

24

La télévision.

Parlant vers 1960 des dangers de la télévision, Louis-Ferdinand Céline exprime l'opinion suivante : « *Personne ne pourra empêcher maintenant la marche en avant de cette infernale machine. Adieu travail ! Demain, on pensera sans effort, puis on ne pensera plus et on crèvera enfin de la plus triste vie.* »

▶ **Au cours d'une réflexion organisée, vous vous demanderez si la télévision, parce qu'elle aide à penser « sans effort », est, comme le suggère Céline, une source d'abêtissement et d'ennui.**

POUR DÉMARRER

La phrase de Céline n'est qu'un prétexte... Il s'agit d'abord de réfléchir sur la télévision : aide-t-elle vraiment à penser « sans effort » ? Est-elle source d'ennui et d'abêtissement ? On accentuera, pour l'intérêt du devoir, l'aspect positif de son rôle, en distinguant par exemple l'utilisation qui en est faite et ce qu'elle pourrait devenir si on la mettait au service du savoir et de la culture. Le plus difficile sera de fuir les banalités...

Groupement 2 (La Réunion)

Séries F, G, H

L'homme peut maintenant changer l'homme lui-même. Il peut changer les organes de son prochain et le faire vivre avec le rein, la moelle osseuse, parfois le cœur d'autrui. Il peut apporter de nouvelles définitions hématologiques[1], immunologiques[2] de la personne humaine. Il reconnaît
5 les fondements biologiques du comportement. Bien plus, il peut, par de puissantes médications chimiques, modifier ce comportement. Il peut prolonger parfois la vie au point que la définition de la mort apparaît incertaine, au point de poser sous des formes neuves de vieux problèmes, la qualité de la vie, la dignité de la mort. Il peut régler la procréation avec cette
10 conséquence surprenante que, dans un proche avenir, l'amour et la fonction de reproduction seront entièrement dissociés, premiers pas vers d'autres changements. [...]

Trois méthodes peuvent être proposées pour protéger le devenir de l'homme : l'arrêt du progrès, le secret, l'étude scientifique et rationnelle des
15 questions posées.

L'arrêt du progrès a été envisagé sous des formes variées, l'arrêt pouvant se situer à des périodes diverses, aux premiers temps de l'humanité pour être fidèle à Rousseau, au temps de la brouette de Pascal[3], ou vers 1990 pour garder la bicyclette et l'eau courante.

20 D'assez nombreux chercheurs subissent la tentation du secret ; gravement préoccupés par l'exemple des physiciens et des conséquences dramatiques de leurs découvertes, ils se proposent de demeurer silencieux, de ne pas révéler leur progrès.

L'arrêt de la recherche comme le silence paraissent peu raisonnables.
25 [...] N'y-a-t-il pas quelque lâcheté à éluder le problème ? L'homme se trouve confronté à la conséquence la plus lourde de son évolution. Il doit tenter de dégager les solutions les meilleures. Les chercheurs scientifiques doivent être au premier rang de ceux qui organisent cette étude méthodique.

La communauté scientifique est fortement concernée. Elle n'est pas seule
30 concernée. Trois domaines de réflexion doivent être nettement séparés : le
domaine d'amont, domaine de la science pure, qui appartient aux seuls savants, le domaine d'aval, celui de l'application qui appartient aux politiques ;
entre les deux, entre l'amont et l'aval, le vaste domaine des confrontations,
des méditations partagées des biologistes, des sociologues, des physiolo-
35 gistes, des philosophes, des économistes. Cette réflexion, cette méditation,
l'exploration de ce domaine moyen sont déjà commencées. Elles doivent
être poursuivies, renforcées. Trois traits devraient les définir : 1°) une extrême souplesse (il faut utiliser les systèmes existants, éviter les emplois
doubles, imaginer les méthodes efficaces) ; 2°) une extrême modestie (rien
40 de plus malaisé que la prospective[4] quand il s'agit de science et surtout de
biologie. Il faudra sans cesse s'adapter aux surprises , aux ouvertures neuves,
inattendues) ; 3°) une extrême rigueur puisque l'objet est le destin de l'homme,
de l'homme meurtri, menacé non pas tant par les progrès de la science que
par le mauvais usage de ces progrès. La tâche est urgente, elle est rude, très
45 rude. Comme l'écrivait récemment François Jacob[5], « l'homme est devenu
le premier produit de l'évolution capable de maîtriser l'évolution ». Maîtrise
et responsabilité sont liées. À nouveaux pouvoirs de la science, nouveaux
devoirs de l'homme.

Jean BERNARD, *L'Homme changé par l'Homme*, 1976.
(Jean Bernard est un professeur de médecine).

1. Hématologie : branche de la médecine consacrée au traitement des maladies
du sang.
2. Immunologie : étude de l'immunité, propriété d'un organisme qui peut résister
à des agressions.
3. Pascal est l'inventeur de la brouette.
4. Prospective : ensemble de recherches concernant l'évolution future de l'humanité et permettant de dégager des éléments de prévision.
5. François Jacob a obtenu le prix Nobel de Médecine.

RÉSUMÉ

Vous résumerez ce texte en 140 mots (une marge de 10 % en plus ou en
moins est autorisée). Vous indiquerez à la fin de votre résumé le nombre
de mots qu'il comporte.

VOCABULAIRE

Vous expliquerez, dans leur contexte, les expressions suivantes :
- l'étude scientifique et rationnelle (ligne 14) ;
- éluder le problème (ligne 25).

DISCUSSION

« À *nouveaux pouvoirs de la science, nouveaux devoirs de l'homme.* »
Vous expliquerez et vous commenterez cette affirmation du Professeur Jean Bernard en un développement organisé et en vous appuyant sur des exemples précis empruntés à votre vie quotidienne et à vos lectures.

POUR DÉMARRER

Le texte a le mérite de la clarté et d'une composition rigoureuse que le résumé se doit naturellement de respecter.

La discussion, très classique, vaudra par la qualité et la diversité des exemples ; on veillera à ne pas trop reprendre ce qui est écrit dans le texte. On définira avec précision la nature des « devoirs » nouveaux dont il est question (morale, information, partage du savoir, etc.).

✳ ✳ ✳

26

PARTIES DU PROGRAMME ABORDÉES

La poésie au XIXᵉ siècle ; la Nature, la Ville.
Alfred de Vigny : 1797-1863.

COMMENTAIRE COMPOSÉ

→ **CORRIGÉ**

Pars[1] courageusement, laisse toutes les villes ;
Ne ternis plus tes pieds aux poudres[2] du chemin ;
Du haut de nos pensers vois les cités serviles
Comme les rocs fatals de l'esclavage humain.
Les grands bois et les champs sont de vastes asiles,
Libres comme la mer autour des sombres îles.
Marche à travers les champs une fleur à la main.

La Nature t'attend dans un silence austère ;
L'herbe élève à tes pieds son nuage des soirs,
Et le soupir d'adieu du soleil à la terre
Balance les beaux lys comme des encensoirs[3].
La forêt a voilé ses colonnes profondes,
La montagne se cache, et sur les pâles ondes
Le saule a suspendu ses chastes reposoirs[4].

Le crépuscule ami s'endort dans la vallée,
Sur l'herbe d'émeraude et sur l'or du gazon,
Sous les timides joncs de la source isolée
Et sous le bois rêveur qui tremble à l'horizon,
Se balance en fuyant dans les grappes sauvages,
Jette son manteau gris sur le bord des rivages,
Et des fleurs de la nuit entr'ouvre la prison.

Alfred de VIGNY, *Les Destinées*, 1864, La Maison du Berger.

1. Le poète s'adresse à Éva, qui est peut-être la personnification de la femme en général.
2. Poudres : poussière.
3. Encensoir : sert à brûler l'encens au cours des cérémonies religieuses.
4. Reposoir : autel provisoire dressé en certaines occasions, dans ou hors de l'église.

▶ **Vous ferez un commentaire composé du texte. Vous pourrez, par exemple, montrer comment l'expression poétique souligne la force de séduction de la nature et les différentes fonctions que prête le poète à cette nature.**

POUR DÉMARRER

Le poème choisi, très célèbre et fort beau d'ailleurs, nécessite pour être traité en commentaire de solides connaissances littéraires : sa clarté est grande en effet et qui voudra se contenter d'une étude thématique risque la paraphrase ; on cherchera donc avant tout à analyser ce qui en fait la qualité poétique : images ; études du vocabulaire, des sonorités ; muscalité ; effets de rythme, etc.

27 ✷ ✷
PARTIE DU PROGRAMME ABORDÉE   Dissertation littéraire
L'éducation.

▶ **En vous appuyant sur des exemples, dites quelles réflexions vous suggère cette affirmation : «** *Tout homme reçoit deux sortes d'éducation : l'une qui lui est donnée par les autres, et l'autre, beaucoup plus importante, qu'il se donne à lui-même.* **»**

POUR DÉMARRER

La formulation du sujet peut paraître déroutante : elle oppose en réalité l'éducation dite scolaire ou celle dispensée par les parents, à celle que dispense la vie : l'expérience personnelle... On pourra montrer que la « réussite » d'une éducation vient peut-être d'un juste équilibre entre les deux (sacrifier la première sous prétexte que l'autre est « beaucoup plus importante », peut être dangereuse...).

On rappellera enfin que l'homme est « animal social » et que vouloir seulement penser par soi-même en refusant l'acquis d'autrui, est une illusion... (ce qui importe est de développer l'esprit critique).

36.15
VUIBERT

DES CONSEILS POUR PRÉPARER EFFICACEMENT VOS EXAMENS.

LES LIVRES VUIBERT POUR RÉUSSIR.

LES CORRIGÉS DE LA DERNIÈRE SESSION.

LE JOUR MÊME DES ÉPREUVES, TOUS LES CORRIGÉS DE TOUTES LES MATIÈRES.

DES RÉPONSES CLAIRES AUX QUESTIONS QUE VOUS VOUS POSEZ SUR L'ORIENTATION.

BAC

en poche

DES OUVRAGES SYNTHÉTIQUES

UNE RÉVISION RAPIDE DU PROGRAMME

LA MÉMORISATION DES POINTS

ESSENTIELS.

En Chimie - Économie - Français - Géographie -
Histoire - Histoire littéraire - Philosophie.

En vente chez votre libraire

Groupement 3 (Grenoble)

Séries F, G, H

28 ✿ ✿ ✿
THÈME TRAITÉ

CONTRACTION DE TEXTE

Les voyages : la marche vers l'inconnu.

Jusqu'à la fin du XVe siècle, l'Ailleurs se situe en Asie. C'est un Ailleurs connu, expérimenté. Terre de délices d'où l'on apporte des épices et des essences rares, l'Inde représentait un réservoir infini de biens matériels grâce auquel l'Européen pouvait améliorer ses conditions de vie. Si les Italiens
5 et les peuples situés en Méditerranée pouvaient avoir un accès plus aisé aux territoires asiatiques, il n'en était pas de même des Espagnols et des Portugais. Ceux-ci étaient parvenus jusqu'en Inde, en longeant soigneusement les côtes d'Afrique. Mais l'équipement de flottes marchandes est onéreux, le voyage est long et périlleux. Aussi n'eurent-ils de cesse(*) de cher-
10 cher d'autres voies rentables d'accès en Inde. L'Ailleurs continue d'être considéré comme une proie soumise aux appétits de l'Occidental.

Mais le problème se pose en d'autres termes quand Christophe Colomb demandera successivement aux rois d'Espagne, du Portugal, d'Angleterre et de France les fonds nécessaires pour équiper une flotte qui rejoindrait
15 l'Inde par l'Ouest. Pour qu'un tel projet voie le jour, il fallait vaincre deux inconnues : une inconnue physique et géographique, et une inconnue religieuse. La conception de la rotondité de la Terre commençait à se répandre dans les esprits. Mais si Christophe Colomb lui-même avait déjà navigué vers l'Islande, personne n'avait fait état d'un continent en Ouest. Aussi était-
20 on persuadé qu'il était impossible de rejoindre directement l'Inde par l'Ouest.

Mais plus encore que les obstacles géographiques, ce sont les peurs et hantises millénaires qu'il fallait surmonter. Depuis la plus haute Antiquité, l'Ouest est le lieu de la mort. En suivant le cours du soleil, on constate qu'il disparaît à l'Ouest, et l'Égyptien entrait dans le royaume de l'*Amenti*, de
25 l'au-delà, dans la barque du soleil, et disparaissait de la surface de la terre avec l'astre de vie. Lieu essentiel de l'inconnu, l'Ouest avait peuplé les imaginations de démons, de créatures infernales chargées de dénouer le destin humain. L'Ouest était le lieu mythique d'où on ne revient pas. Là où le

soleil se couche, il n'est plus de vie sur terre. L'aventurier qui se risquait
30 sur ces eaux allait donc lui-même au-devant de sa propre mort. Telle était
l'angoisse des marins que Colomb embarqua avec lui. Cet Ailleurs était inconnu et, pour sa propre survie, devait le rester. Mais il était apprivoisé
d'une certaine manière par les images que l'on projetait. Colomb dut se battre
contre cette géographie mythique inscrite au fond de la mémoire millénaire
35 des hommes.

Les grandes découvertes ne sont donc pas seulement la conquête d'un
espace terrestre, elles sont découverte que les Enfers, résidence des morts,
ne sont point sur terre. Que celle-ci est, dans sa totalité, un espace à conquérir, réservé aux hommes vivants. Dès lors la conquête de l'Ouest allait de-
40 venir synonyme de progrès, de créations nouvelles.

G. Dewulf, E. Coss, P. Bougy, *L'Autre et l'Ailleurs*,
Presses Universitaires de Nancy, 1992.

(*) N'eurent-ils de cesse de chercher : ils ne cessèrent pas de chercher.

RÉSUMÉ

Vous résumerez ce texte en 130 mots. Une marge de 10 % en plus ou en
moins sera admise. Vous indiquerez à la fin de votre résumé le nombre exact
de mots employés.

VOCABULAIRE

Vous expliquerez le sens, dans le texte, des expressions suivantes :
– « hantises millénaires » (ligne 22) ;
– « géographie mythique » (ligne 34).

DISCUSSION

La recherche de l'aventure vous paraît-elle déterminée par le goût du risque
ou bien par la force de l'imaginaire ?

POUR DÉMARRER

On respectera la structure du texte par paragraphes et les articulations logiques, nettement marquées... La difficulté majeure viendra de la formulation et du traitement des exemples, très nombreux, dont on essaiera de faire
une synthèse (ils jouent un rôle essentiel car ils étayent l'argumentation).

La discussion suppose de nombreuses connaissances (littéraires ou mytho-
logiques) : on veillera à faire un développement rigoureux en limitant le choix
d'exemples (aventure sportive, exploration, réalisation de rêves ancestraux :
voler ou explorer le centre de la terre, etc. dépassement de soi).

29 ✲✲
PARTIES DU PROGRAMME ABORDÉES   COMMENTAIRE COMPOSÉ
La littérature du xxᵉ siècle.

La jeune Adeline vient de demander que le ménage soit fait à fond dans sa chambre. Deux servantes, la mère et la fille, arrivent, munies chacune d'une sorte de fouet à neuf lanières.

Adeline, réfugiée près du lit, se demandait à quelle sorte de travail se livreraient les deux servantes armées d'engins aussi primitifs. La frénésie belliqueuse dont elles furent saisies dépassa ses prévisions les plus pessimistes, tout en lui donnant une forte envie de rire. À droite, à gauche, sur les chaises,
5 sur les tables, sur le coffre, sur la coiffeuse, sur les murs, par terre, en l'air, dans le vide, elles projetaient les lanières de leurs fouets ; la mère, malgré son âge et sa corpulence, ne se démenait pas moins que la fille : elles pivotaient sur elles-mêmes, se penchaient, se redressaient, toujours agitant leurs verges sinueuses et fustigeant[1] au petit bonheur devant elles.
10   La poussière, réveillée en sursaut de sa léthargie séculaire[2], prenait la fuite comme elle pouvait. Elle s'élevait en petits nuages, montait au plafond hors de portée des terribles lanières, flottait en suspens dans le demi-jour, cherchait un refuge dans les toiles d'araignée inaccessibles. L'irritation d'être soumises à un extra[3] non prévu dans les habitudes de la maison
15 attisait la rage des deux furies, Adeline ne le devinait que trop bien. Elles sautaient sur place, lançaient le plus haut possible leurs courts bras dodus, bondissaient, rugissaient, apostrophant les corpuscules rebelles pour les obliger à retomber du plafond et à prendre une autre raclée. Cette danse de guerre dura tant qu'elles n'eurent pas épuisé leur soif de vengeance.
20 Lorsqu'elles jugèrent la correction suffisante, elles quittèrent la pièce, tête haute et sourire triomphal, laissant la poussière descendre à nouveau sur les meubles et se rendormir dans la pénombre.

Dominique FERNANDEZ, *L'École du Sud*, 1989.

1. Fustiger (ligne 9) : donner des coups de fouet pour punir.
2. Léthargie séculaire (ligne 10) : sommeil profond qui dure depuis des siècles.
3. Un extra (ligne 14) : un travail supplémentaire.

▶ **Vous ferez de ce texte un commentaire composé. Vous montrerez, par exemple, par quels procédés l'auteur transforme avec humour cette scène de la vie quotidienne en une sorte de bataille.**

POUR DÉMARRER

On montrera, ici comme ailleurs, le travail de métamorphose du réel opéré par l'écrivain... On insistera sur la virtuosité verbale du texte, les effets de style, les jeux de langage qui permettent à une scène, et à des personnages somme toute banals, de devenir quasi-mythologiques... On cherchera à repérer avec précision les techniques de l'humour (mélange de vocabulaire aux tonalités différentes ; parodie, liée au décalage entre le sujet et les mots, le ton, employés dans le récit, etc.).

---

30 ✷✷
PARTIE DU PROGRAMME ABORDÉE   Dɪssᴇʀᴛᴀᴛɪᴏɴ ʟɪᴛᴛᴇ́ʀᴀɪʀᴇ

La mode ; le personnage comique.   → **CORRIGÉ**

Coco Chanel, la célèbre couturière des années 1920-1930, aurait déclaré : « *Il vaut mieux suivre la mode, même si elle est laide. S'en éloigner, c'est devenir un personnage comique.* »

▶ **Vous commenterez et discuterez cette réflexion, en prenant vos exemples dans différents domaines de la mode.**

POUR DÉMARRER

Le sujet, intéressant, permet d'aborder un sujet assez classique – qu'est-ce qu'un personnage comique ? – sous un angle original : ses rapports avec la mode. La thèse, très simple (le comique, c'est celui qui refuse d'être « de son époque ») mérite d'être discutée, donc contestée. On n'hésitera pas à chercher des exemples dans le quotidien, mais les références littéraires seront toujours bien accueillies...

On veillera à diversifier le plus possible la notion de mode (ne pas s'en tenir aux apparences, vestimentaires ou autres...).

Groupement 4 (Montpellier)

Séries F, G, H

31 ✹ ✹
THÈMES TRAITÉS

Problèmes de société : « zapping »,
perte de l'attention et instabilité.

CONTRACTION DE TEXTE

→ **CORRIGÉ**

Zappeur et sans reproche

Un spectre hante la vie des professionnels de la télé et de la publicité :
le « zapping ». Avec la multiplication des chaînes et la télécommande, s'est
répandue cette nouvelle attitude des téléspectateurs consistant à sauter d'une
chaîne à l'autre, en particulier dès qu'apparaissent des « pages » de pu-
5 blicité.

Certes, le phénomène est inégalement partagé selon les pays – la
France, à la différence des États-Unis, est, paraît-il, peu touchée encore par
l'épidémie – mais son extension probable dans les années à venir et les in-
quiétudes qu'il suscite dans les milieux rivés aux scores d'écoute méritent
10 qu'on s'arrête un peu plus sur cette nouvelle figure de l'instabilité « post-
moderne ».

Si le phénomène ne manque pas de donner des migraines aux publici-
taires, il devrait réconforter ceux qui se complaisent dans la dénonciation
rapide du matraquage de la « persuasion clandestine ». Car le zapping, à
15 l'évidence, révèle la latitude extrême des individus face à l'invasion publi-
citaire. Quelle erreur d'avoir identifié la « pub » à l'emprise totalitaire, au
« Meilleur des mondes », quand on considère la facilité avec laquelle on
réussit à ne pas subir son harcèlement euphorique [1] ! Tout sauf un en-
doctrinement total, tout, sauf une domination permanente – d'autant plus
20 forte qu'elle serait douce. Plus la publicité investit en argent et en créati-
vité, moins elle est sûre de ses effets. Plus elle se répand sur nos écrans,
plus on a de moyens d'y échapper. Plus son temps d'antenne croît, plus l'audience devient aléatoire. Telle est la condition paradoxale du fait publici-
taire face à la montée du nomadisme vidéotique. (…)
25 Mais ce qui est en jeu dépasse de beaucoup le réflexe antipublicitaire.
La « sauterie » télécommandée gagne également les autres programmes :

chaque « homo telespectator »[2] est, à présent, potentiellement saisi de la démangeaison du changement. La difficulté à fixer l'intérêt s'accroît en ces temps de rediffusion massive de séries et téléfilms fort peu différenciés.

30 Avec tout ce que cette agitation peut impliquer de tiraillements, de mini-conflits dans les familles. Le zappeur subit les foudres de son entourage : il est cet égoïste qui n'écoute personne, suit ses impulsions-seconde sans prendre en compte le goût des autres. Conduite hyperindividualiste typique appliquée à l'écoute audiovisuelle.

35 Tout y est : goût du changement et de l'animation accélérée, curiosité captée par tout et rien, le zappeur est cet être qui presse plus vite que son ombre, toujours présent-absent devant l'image télévisée. (…)

Si l'on considère le phénomène d'un peu plus haut, on réalise qu'il n'est pas sans quelque parenté avec les conduites en vigueur dans toute la ma-
40 chine sociale. Peut-être est-il comme le parangon[3] de la personnalité in-dividuelle à l'âge de la mode généralisée. Car, depuis longtemps, « le zap-ping est passé dans les comportements de la vie quotidienne ». On ne cesse de changer de lieu, de femme, de goûts, d'idées, de sport, et tout est em-porté dans le procès du nouveau et de l'éphémère. Pourquoi en serait-il au-
45 trement devant la télé ? Le zapping ne fait que traduire, en accéléré, cette mise en circulation des corps, des esprits, de la culture qui caractérise notre société frivole. Il est le miroir d'un temps toujours avide d'autre chose, prag-matique[4], sans grand projet ni constance. Un temps où tout change sans nous, mais avec nous, où tout ennuie, mais où rien ne révolte. Où tout lasse
50 mais où rien ne casse.

Gilles LIPOVETSKY, *Le Point*, n° 809, 21 mars 1988.

1. Harcèlement euphorique : le téléspectateur est poursuivi par d'incessantes pu-blicités qui sont destinées à donner des images de bonheur.
2. « Homo telespectator » : l'homme de l'ère télévisuelle. Formule pseudo-latine imitée de diverses expressions telles que « *homo sapiens* », homme de l'ère de la connaissance.
3. Parangon de la personnalité individuelle : ici, critère d'excellence de cette per-sonnalité.
4. Temps pragmatique : époque portée à s'intéresser prioritairement aux réalités matérielles de la vie.

RÉSUMÉ

Vous résumerez le texte en 140 mots (un écart de plus ou moins 10 % est toléré). Vous indiquerez sur votre copie le nombre de mots que vous aurez employés.

VOCABULAIRE

Quel est le sens dans le texte des expressions suivantes :
– « Plus son temps d'antenne croît, plus l'audience devient aléatoire » (lignes 22-23) ;
– « nomadisme vidéotique » (ligne 24).

DISCUSSION

Le « zapping » vous paraît-il en effet être devenu un mode de comportement caractéristique de la vie quotidienne ? Vous réfléchirez à ce problème à partir de votre expérience et de la connaissance acquise à travers livres, films, etc., en ne vous limitant pas à la seule utilisation du « zapping » télévisuel.

POUR DÉMARRER

On dégagera nettement l'idée essentielle du texte : l'instabilité de nos contemporains, et la difficulté qu'ils éprouvent à fixer leur attention et leur intérêt... Ce qui est illustré par le « zapping ». On insistera sur le dernier paragraphe qui élargit le thème à l'ensemble de la vie sociale et on s'efforcera de conserver le ton de l'article.

La discussion demande une analyse réfléchie d'un certain type de comportement : le sujet invite explicitement à sortir du domaine télévisuel. (On évoquera donc surtout la vie quotidienne).

---

32   ✽ ✽ ✽
PARTIES DU PROGRAMME ABORDÉES   COMMENTAIRE COMPOSÉ

La poésie symboliste. Le XIXᵉ siècle.   → **CORRIGÉ**
Tristan Corbière (1845-1875).

Le crapaud

Un chant dans une nuit sans air...
La lune plaque en métal clair
Les découpures du vert sombre.

...Un chant ; comme un écho, tout vif
Enterré, là, sous le massif...
– Ça se tait : Viens, c'est là, dans l'ombre...

– Un crapaud ! – Pourquoi cette peur,
Près de moi, ton soldat fidèle !
Vois-le, poète tondu, sans aile,
Rossignol de la boue... – Horreur ! –

... Il chante. – Horreur !! – Horreur pourquoi ?
Vois-tu pas son œil de lumière...
Non : il s'en va, froid, sous sa pierre.

....

Bonsoir – ce crapaud-là c'est moi.

Ce soir, 20 juillet.

Tristan CORBIÈRE (1845-1875), *Les Amours jaunes*, 1873.

▶ **Vous ferez de ce poème un commentaire composé. Vous
pourrez montrer par exemple comment, à travers les formes
du poème (structure générale, dialogue, figures de style...),
l'auteur présente une double image de l'animal et lui donne
un caractère symbolique.**

POUR DÉMARRER

Le texte est relativement simple et court ; on sera très attentif aux procédés
stylistiques utilisés et à tout ce qui fait l'originalité poétique, et thématique,
du poème ; on étudiera la structure du texte (souvent « inversé »), les signes
de ponctuation, et – naturellement – l'identification entre le poète et le crapaud (et ses multiples significations).

---

33 ★★
PARTIES DU PROGRAMME ABORDÉES   DISSERTATION LITTÉRAIRE

Le langage.

Alain Rey, auteur de nombreux dictionnaires, a déclaré dans une in-
terview récente : « *Le langage ne sert pas uniquement à s'exprimer. Il sert
aussi à mentir, à influencer, à se faire valoir.* »

▶ Pensez-vous que le langage exerce ces différentes fonctions ? En-a-t-il d'autres à vos yeux ? Vous examinerez ces questions dans un développement organisé et appuierez vos arguments sur des exemples précis.

POUR DÉMARRER

Ce devoir propose une réflexion riche et intéressante sur les différentes fonctions du langage, avec un plan assez facile à construire. On partira de la fonction *utilitaire* pour aboutir à la fonction « esthétique » (langage poétique) en passant par tous les intermédiaires : le langage qui manipule (publicité, politique, etc.) ou qui exprime les « profondeurs » du sentiment (souffrance, plaisir, etc.). On analysera avec profit la langage théâtral (qui peut mêler toutes ces fonctions).

Antilles – Guyane

Séries F, G, H

Le chômage

L'extraordinaire importance du rôle que joue le travail dans la vie de l'individu peut être confirmée empiriquement, en observant les comportements de celui-ci lorsqu'il en est privé. [...] Les recherches contemporaines des sciences du travail ont commencé d'éclairer ces comportements et, sans
5 pouvoir entrer ici dans les détails, nous aimerions y revenir d'un peu plus près.

Pour bien comprendre les effets de la privation du travail sur le chômeur, il faut d'abord rappeler que, dans chaque branche d'activité, le chômage tend à frapper d'abord les moins qualifiés, c'est-à-dire ceux qui ont
10 précisément le moins de chances de s'adapter à une situation nouvelle, ceux sur lesquels a le plus de prise le sentiment d'insécurité. Il y a souvent <u>une période d'anxiété préliminaire</u> à la perte du travail et qui s'aggrave avec celle-ci : le chômeur manifeste des signes d'une instabilité émotionnelle, qui s'affirme plus ou moins rapidement et intensément, selon son histoire pro-
15 fessionnelle, les succès ou les insuccès qu'il a eus antérieurement durant sa vie de travail. Les étapes du comportement de l'homme privé de travail ont été observées au cours d'enquêtes américaines, britanniques et françaises qui, bien entendu, font apparaître de nombreuses différences individuelles. Dans l'ensemble, on a pu constater qu'après une première période
20 de choc, où la personnalité résiste et demeure à peu près inchangée, après une seconde, caractérisée par une plus ou moins active recherche de travail (accompagnée de prétentions toujours décroissantes jusqu'à l'acceptation de n'importe quelle tâche rémunérée), s'installe une phase de dépression. La privation du cadre assuré par l'activité professionnelle et ses
25 routines quotidiennes, une acuité décrue et une <u>sorte d'hébétude dans la perception du temps</u> qui passe, se doublent de complications familiales pour

créer, chez le chômeur, un complexe croissant d'infériorité à l'égard des membres de sa famille, et particulièrement de sa femme et de ses enfants. Comme le disait un ouvrier américain à une assistante sociale : « Comment
30 croyez-vous que toutes ces choses agissent sur moi ? Elles n'augmentent certainement pas mon estime pour moi-même et mon bonheur. À certains moments, je bous intérieurement, mais la plupart du temps, je me sens complètement vidé. Je n'aurais jamais imaginé que la paix de mon foyer et mon autorité sur mes enfants dépendaient de mon travail. Eh bien, le travail,
35 c'est tout simplement ce qui commande toute notre vie. »

Freud a bien vu que le travail rattache l'individu à la communauté humaine ; mais il est paradoxal qu'il n'ait nulle part observé que le travail est, par ailleurs, une des causes les plus actives qui insèrent l'individu dans le groupe familial, constituant en bien des cas, pour celui-ci, une sorte d'in-
40 dispensable ciment faute de quoi à la fois le groupe et l'individu perdent leur équilibre, se désagrègent. Des observations françaises rejoignent, sur plusieurs de ces points, les enquêtes américaines. La privation de travail, en même temps qu'elle constitue pour le chômeur une régression sociale, engendre, au bout d'un certain temps, « une sorte d'intoxication » qui exige
45 une complète réadaptation. La privation prolongée du travail est véritablement une menace pour la santé mentale de l'individu.

G. FRIEDMANN, *Le Travail en miettes*, Gallimard, 1964.

RÉSUMÉ

Vous résumerez ce texte en 135 mots, une marge de 10 % en plus ou en moins étant admise. Vous indiquerez à la fin de votre résumé le nombre de mots que vous aurez utilisés.

VOCABULAIRE

Vous donnerez le sens, dans le texte, des expressions soulignées :
– une période d'anxiété préliminaire (ligne 12) ;
– une sorte d'hébétude dans la perception du temps (lignes 25-26).

DISCUSSION

Pensez-vous, comme l'ouvrier américain, que « le travail c'est tout simplement ce qui commande toute notre vie » ?
Vous justifierez votre point de vue en vous appuyant sur des exemples précis.

POUR DÉMARRER

Malgré le titre, le texte est centré sur le travail, et son importance dans la vie sociale... Les quelques difficultés viennent du vocabulaire utilisé (il sera parfois délicat de trouver des équivalences).

La discussion est très « technique »... On pensera à évoquer ce qu'on appelle la civilisation des loisirs (le loisir ne peut en effet se concevoir que par rapport au travail)...

**

35

PARTIE DU PROGRAMME ABORDÉE · COMMENTAIRE COMPOSÉ

La poésie au xviie s., la fable, La Fontaine.
La Fontaine : 1621-1695.

La Lionne et l'Ourse

Mère Lionne avait perdu son fan[(1)]
Un chasseur l'avait pris. La pauvre infortunée
Poussait un tel rugissement
Que toute la forêt était importunée.
La nuit ni son obscurité,
Son silence et ses autres charmes,[(2)]
De la Reine des bois n'arrêtaient les vacarmes.
Nul animal n'était du sommeil visité.
L'Ourse enfin lui dit : « Ma commère,
Un mot sans plus ; tous les enfants
Qui sont passés entre vos dents
N'avaient-ils ni père ni mère ?
– Ils en avaient. – S'il est ainsi,
Et qu'aucun de leur mort n'ait nos têtes rompues,
Si tant de mères se sont tues,
Que ne vous taisez-vous aussi ?
– Moi, me taire, moi, malheureuse ?
Ah ! J'ai perdu mon fils ! Il me faudra traîner
Une vieillesse douloureuse.

– Dites-moi, qui vous force à vous y condamner ?
– Hélas ! c'est le Destin qui me hait. » Ces paroles
Ont été de tout temps en la bouche de tous.
Misérables[3] humains, ceci s'adresse à vous.
Je n'entends résonner que des plaintes frivoles.
Quiconque, en pareil cas, se croit haï des Cieux,
Qu'il considère Hécube[4] ; il rendra grâce aux dieux.

LA FONTAINE, *Fables*, X, 12.

1. Fan : lionceau (usage exceptionnel).
2. Charme : puissance magique.
3. Misérable : qui est dans la douleur, la pauvreté, l'affliction.
4. Hécube : héroïne tragique, épouse de Priam, Reine de Troie, elle réunit sur elle tous les malheurs : elle perdit ses enfants et son mari, vit détruire sa ville et fut emmenée en esclavage.

▶ **Vous ferez de ce texte un commentaire composé. Vous pourrez, par exemple, vous attacher à montrer comment l'auteur parvient par son talent de narrateur et son humour d'observateur, à transmettre une leçon de sagesse.**

POUR DÉMARRER

Le libellé suggère un plan acceptable : analyse de l'art du récit (alternance récit-dialogue, etc.) – étude de l'humour du texte (non incompatible d'ailleurs avec une certaine poésie) – on aboutira enfin à la leçon de sagesse donnée par le fabuliste... (et qui ne se trouve pas seulement à la fin de la fable, mais diffuse à l'intérieur de tout le poème).

36

✱ ✱
PARTIE DU PROGRAMME ABORDÉE   DISSERTATION LITTÉRAIRE
Science et littérature.

▶ **À l'aide d'exemples précis, tirés de votre expérience de lecteur, vous commenterez cette remarque d'André Maurois dans sa *Lettre ouverte à un jeune homme* : « *Je ne pense pas*** *que l'importance de la science dans notre société signifie la fin de l'art et de la littérature. La science donne à l'homme un pouvoir grandissant sur le monde extérieur ; la littérature l'aide à mettre de l'ordre dans son monde intérieur. Les deux fonctions sont indispensables. »*

POUR DÉMARRER

Le sujet porte sur les deux fonctions comparées de la science et de la littérature, avec une opposition entre monde intérieur et extérieur... Il sera intéressant de voir si les deux domaines ne peuvent pas empiéter l'un sur l'autre ; et surtout s'il est légitime d'opposer comme on le fait aujourd'hui, science et littérature. (La science et la littérature peuvent être liées : Diderot, etc.).

BAC

en poche

DES OUVRAGES SYNTHÉTIQUES

UNE RÉVISION RAPIDE DU PROGRAMME

LA MÉMORISATION DES POINTS

ESSENTIELS.

En Chimie - Économie - Français - Géographie -
Histoire - Histoire littéraire - Philosophie.

En vente chez votre libraire

AVEC SOLUTIONS

EXO

POCHE

UN RAPPEL DÉTAILLÉ DU COURS

UNE SÉRIE DE TESTS SUR LA
COMPRÉHENSION DU COURS

DES EXERCICES VARIÉS, NOMBREUX,
À RÉSOUDRE AVEC LEURS CORRECTIONS

En vente chez votre libraire

Algérie

Séries F, G, H

✳
THÈMES TRAITÉS   CONTRACTION DE TEXTE

L'automobile, une nouvelle façon de percevoir le monde.

La psychologie du conducteur

Vivre en auto, ce n'est pas seulement aller vite et dompter cette vitesse, c'est aussi voir le monde à travers le pare-brise. Cette perception nouvelle de l'univers n'est pas sans influencer nos conduites. Être au volant, enfermé dans une boîte d'acier et de verre, au milieu d'un monde qui fuit, c'est l'ex-
5 périence que nous vivons plusieurs centaines d'heures par an. Expérience de l'univers social, expérience des autres d'abord. Elle est bien pauvre. Lorsque je suis au volant et que je rencontre mon prochain, l'autre conducteur, il ne me reste que bien peu d'attention à lui consacrer et je l'aper- çois l'espace d'un éclair. Une voiture croisée ou dépassée, c'est d'abord une
10 machine et il faut un effort d'imagination pour penser au conducteur. Au contraire, si j'avais, à pied, rencontré ce même homme, sa démarche, sa phy- sionomie m'auraient, sans même que j'en prenne conscience, obligé à voir en lui un être humain ; dans ses yeux j'aurais pu lire une image de moi-même...
La circulation en automobile réduit et appauvrit l'expérience concrète
15 des autres : on ne voit plus les visages. Les communications possibles entre les automobilistes se limitent à quelques signaux : avertisseur sonore avec sa brutalité, clignotants avec leur ambiguïté, un geste quelquefois, et quel geste ! L'autre, c'est d'abord et presque exclusivement une gêne, une en- trave à ma liberté. *L'autre, avec toute sa densité humaine*, ne surgira de l'au-
20 tomobiliste sans visage qu'à l'occasion d'un accrochage ou d'un « presque accident », c'est-à-dire qu'il est déjà un ennemi, parce qu'alors j'ai peur. [...]
Vivre en voiture, c'est, d'une façon, être chez soi, et en même temps, par la force des choses, une manière nouvelle de vivre en commun avec d'autres personnes. Il faut bien que les conduites automobiles s'inscrivent
25 dans le cadre d'un droit routier. Il faut bien qu'il y ait une « règle du jeu », puisque ce jeu peut léser dangereusement autrui. Il faut que le conducteur soit un citoyen. [...]

Pourquoi le citoyen ne se sent-il pas déshonoré pour avoir enfreint le Code de la route ? Il ne se révolte pourtant pas contre le principe de cette
30 réglementation, il critiquera bien tel ou tel aspect de son application, mais il la sait utile, nécessaire, faite pour sa sécurité. Et pourtant, il faut bien reconnaître, dans la conscience morale de chacun de nous, que les fautes routières ne se situent pas sur le même plan, n'ont pas la même résonance que les autres fautes contre la morale et contre la loi.
35 Il existe peut-être une explication à cette indifférence morale. Elle serait dans la perception de la relation entre la faute et ses conséquences : dans la vie sociale ordinaire, *tout acte répréhensible lèse autrui ;* il n'y a ni vol ni meurtre sans victime. Sur la route cette liaison n'est que probable. Pour qu'autrui soit lésé, il faut que soient réalisées certaines conditions qui
40 ne sont pas directement dépendantes de l'acte délictueux. L'automobiliste insoucieux du Code ne devient pas, par le fait même, un meurtrier, il risque seulement de le devenir.

577 mots

Michel ROCHE, *Bulletin de la Mutuelle Assurance Automobile*
des Instituteurs de France, 1968.

RÉSUMÉ

Vous ferez de ce texte un résumé en 135 mots (une marge de plus ou moins 10 % est autorisée).

VOCABULAIRE

Vous expliquerez le sens, dans le texte, des expressions :
– L'autre, avec toute sa densité humaine (paragraphe 3) ;
– tout acte répréhensible lèse autrui (dernier paragraphe).

DISCUSSION

« Vivre en auto [...] c'est voir le monde à travers le pare-brise » : quels sens divers pouvez-vous donner à cette expression ? Vous appuierez vos réflexions sur des exemples précis.

POUR DÉMARRER

Pour éviter la sensation « d'émiettement », on regroupe certains paragraphes et, surtout, on rajoutera quelques liens logiques explicites. On soignera particulièrement la question de vocabulaire, assez délicate... Quant à la discussion, elle fait appel à l'expérience personnelle : on tentera aussi de dégager tous les sens possibles du « pare-brise » (protection, distance, écran, absence de participation, transformation en voyageur, etc.) dont la signification symbolique dépasse largement le monde de l'automobile.

38

★ ★
PARTIES DU PROGRAMME ABORDÉES   COMMENTAIRE COMPOSÉ

Le roman ; le XIXᵉ siècle ; l'art de la description ; Victor Hugo.
Victor Hugo : 1802-1885.

En 1793, un navire anglais, chargé d'émigrés royalistes, tente d'aborder les côtes bretonnes. Mais, au cours de la traversée, un gros canon de marine rompt son amarre et menace l'équipage et le navire.

Un canon qui casse son amarre devient brusquement on ne sait quelle bête surnaturelle. C'est une machine qui se transforme en un montre. Cette masse court sur ses roues, a des mouvements de bille de billard, penche avec le roulis, plonge avec le tangage, va, vient, s'arrête, paraît méditer, reprend sa course, traverse comme une flèche le navire d'un bout à l'autre, pirouette, se dérobe, s'évade, se cabre, heure, ébrèche, tue, extermine. C'est un bélier[1] qui bat à sa fantaisie une muraille. Ajoutez ceci : le bélier est de fer, la muraille est de bois. C'est l'entrée en liberté de la matière ; on dirait que cet esclave éternel se venge ; il semble que la méchanceté qui est dans ce que nous appelons les objets inertes sorte et éclate tout à coup ; cela a l'air de perdre patience et de prendre une étrange revanche obscure ; rien de plus inexorable que la colère de l'inanimé. Ce bloc forcené a les sauts de la panthère, la lourdeur de l'éléphant, l'agilité de la souris, l'opiniâtreté de la cognée, l'inattendu de la houle, les coups de coude de l'éclair, la surdité du sépulcre[2]. Il pèse dix mille, et il ricoche comme une balle d'enfant. Ce sont des tournoiements brusquement coupés d'angles droits. Et que faire ? Comment en venir à bout ? Une tempête cesse, un cyclone passe, un vent tombe, un mât brisé se remplace, une voie d'eau se bouche, un incendie s'éteint ; mais que devenir avec cette énorme brute de bronze ?

Victor HUGO, *Quatre-vingt-treize*, 1874.

1. Bélier : machine de guerre qui servait à abattre les murailles.
2. Sépulcre : tombeau.

▶ **En prenant soin de ne pas dissocier le fond de la forme, vous présenterez ce texte sous forme de commentaire composé. Vous pourrez montrer, par exemple, comment Victor Hugo transforme le canon déchaîné en un monstre fantastique.**

POUR DÉMARRER

On étudiera tout particulièrement le passage de la description réaliste à la vision fantastique : le regard poétique métamorphose la réalité ; le canon devient un animal, un monstre. On repèrera les nombreux effets stylistiques visant à animer l'inanimé (métaphores, accumulations verbales) et à agrandir la scène en vision épique où s'affrontent la matière (rôle du démonstratif *ce*, etc.) et l'esprit...

* *
PARTIES DU PROGRAMME ABORDÉES   DISSERTATION LITTÉRAIRE

L'engagement personnel...

« On n'attend pas l'avenir comme on attend le train : on le fait. »

▶ **Expliquez et commentez cette formule de l'écrivain Georges Bernanos (1888-1948). En vous appuyant sur vos lectures et sur votre réflexion personnelle, vous pourrez vous demander par exemple comment cette phrase peut s'appliquer au devenir individuel aussi bien que collectif.**

POUR DÉMARRER

Ce sujet a davantage une couleur « philosophique » que littéraire... On essaiera d'en dégager nettement les enjeux : chacun est responsable de son propre destin et doit lutter pour organiser sa vie comme il l'entend ; éloge de l'activité donc et refus de la passivité résignée. Le libellé invite explicitement à évoquer le « devenir collectif » : du groupe (lutte syndicale ou politique), de la nation, etc. Le « volontarisme » de la phrase de Bernanos étant difficile à contester, plutôt que de chercher à le « contrer », on tentera de le « nuancer » (est-ce toujours si simple de faire son avenir ? rôle de la « fatalité sociale » ? etc.)

SEPTEMBRE 1992

Sujet national

Séries A, B, C, D, D', E

✿ ✿
THÈME TRAITÉ

CONTRACTION DE TEXTE

La vie moderne : l'idéal sécuritaire
en contradiction avec le goût du risque
et l'insatisfaction que cela engendre.

→ **CORRIGÉ**

On veut se garantir contre l'imprévisible, contre le feu, contre le vol, contre les accidents, contre la maladie, contre la vieillesse, contre le chômage, contre tout. Il semble que l'humanité, en proie au fond d'elle-même à toutes les vieilles terreurs d'autrefois, en soit hantée, et veuille absolument se mettre à l'abri non seulement de tout ce qui peut venir de l'extérieur, mais d'elle-même. (...)

Il y a là de toute évidence un phénomène irréversible. En fait, nous le préparons depuis que l'humanité est ce qu'elle est. L'univers lui était un défi qu'elle a relevé, elle a vaincu peu à peu tous les obstacles qui s'opposaient à sa croissance, et elle se trouve aujourd'hui dans une situation sans exemple. Elle a triomphé de toutes les menaces qui l'accablaient naguère, et n'est pas loin de venir à bout de celles qui restent encore. Elle devrait donc être heureuse d'avoir résolu ses problèmes et elle pourrait contempler avec satisfaction le chemin parcouru. Mais il n'en est rien, et alors que le bonheur semble à la portée de sa main, elle se révèle incapable de le saisir et sa nature insatisfaite aspire à autre chose. Une nostalgie l'empoisonne, et elle ignore l'objet de cette nostalgie. Elle se réfugie dans le rêve d'un bon vieux temps, en oubliant que ce bon vieux temps lui paraîtrait tout simplement affreux, ou dans l'imagination d'un avenir qu'elle conçoit comme un prolongement amélioré du présent, ou comme un bouleversement de fond en comble des structures actuelles qui ont cessé de lui plaire. Cette inquiétude et ce tourment, même chez ceux qui ont l'air de mener une *vie toute végétative*, est une évidence. Quelque chose nous manque, au milieu de notre sécurité, quelque chose que nous cherchons sans en avoir conscience, et c'est ce qu'il faut définir, car ce quelque chose est la source même de notre déséquilibre.

Eh bien, qu'on y songe un peu. Tous ces risques que nous avons patiemment supprimés, et il le fallait bien, nous étions faits pour eux. Notre corps comme notre esprit sont doués de facultés qui leur permettent de se mesurer avec les situations les plus difficiles, avec les dangers les plus graves, avec tous les hasards, et nous avons là une réserve d'activité et d'énergie qui ne trouve plus son emploi. Sans nous en rendre compte, nous avons agi comme si nous nous étions privés de l'un de nos sens, nous avons opéré dans l'espèce une sorte de castration spirituelle en empêchant de s'exercer la faculté maîtresse qui a fait justement de nous ce que nous sommes. Par un paradoxe extraordinaire et inattendu, l'idéal de sécurité que nous avons poursuivi en y mettant toute notre intelligence et toute notre passion, une fois atteint ou à peu près, nous laisse vides et désemparés. Comme la nature, quand on viole ses lois, se venge toujours, nous voyons aujourd'hui les hommes faits pour le risque et qui en sont privés chercher par tous les moyens un substitut à ce risque, ou un ersatz plus ou moins efficace. Car n'en doutons pas, l'idéal de vie que nous sommes en passe de réaliser est un idéal de vieillards. Il est naturel que l'âge aidant nous n'ayons plus que le souci de notre tranquillité, et que selon le proverbe « nous allions planter nos choux », ce qui est le symbole même d'une existence dépourvue du moindre danger. De là *l'ébullition de la jeunesse* à qui cette tranquillité est insupportable, car il lui faut du mouvement et du péril. Elle est « casse-cou », elle est agressive, elle veut du bruit, elle fait ses expériences, il lui faudrait des terres inconnues à conquérir, et on ne lui offre, en croyant bien faire, que les procédés et les recettes nécessaires à trouver place dans la case que chaque homme doit occuper sagement toute sa vie. Or il y a un temps pour la sagesse, mais aussi pour la folie, cette folie essentielle nous est fermée.

Ne nous étonnons donc pas de voir les gens se précipiter sur tout ce qui n'est pas encore interdit pour essayer de donner à leur vie le piment de drame sans lequel elle n'est que misère et ennui.

Georges BECKER, *Regards*.

RÉSUMÉ

Vous ferez de ce texte un résumé de 180 mots. Une marge de 10 % en plus ou en moins est tolérée. Vous indiquerez à la fin de votre résumé le nombre de mots utilisés.

VOCABULAIRE

Expliquez les expressions soulignées dans le texte :
- une vie toute végétative ;
- l'ébullition de la jeunesse.

DISCUSSION

S'il faut comme l'affirme l'auteur, « *se garder d'une existence dépourvue du moindre danger* », quels risques seriez-vous prêt à prendre pour donner du « *piment* » à votre vie ?
Vous veillerez à rédiger un devoir cohérent composé avec soin.

POUR DÉMARRER

Texte assez clair et facile à résumer (les articulations sont assez nettes).
Discussion : elle fait appel à l'expérience personnelle : on jouera donc le jeu, quitte à consacrer une ou deux parties à exposer la thèse contraire... Ne pas oublier de définir la notion de danger et celle, plus mesurée, de « piment », et de distinguer les piments « licites » des piments « illicites » (dangereux pour soi et pour les autres...).

41

✳ ✳
PARTIE DU PROGRAMME ABORDÉE   COMMENTAIRE COMPOSÉ

Victor Hugo, la poésie du XIXᵉ siècle ;   → **CORRIGÉ**
la poésie épique ; l'inspiration biblique.

Dans ce texte, Victor Hugo s'inspire du récit de la Bible *qui raconte comment Dieu a puni les hommes en les noyant sous les eaux du ciel, le déluge.*

Tout avait disparu. L'onde montait sur l'onde.
Dieu lisait dans son livre et tout était détruit.
Dans le ciel par moments on entendait le bruit
Que font en se tournant les pages d'un registre.
L'abîme seul savait, dans sa brume sinistre,
Ce qu'étaient devenus l'homme, les voix, les monts.
Les cèdres se mêlaient sous l'onde aux goëmons ;
La vague fouillait l'antre où la bête se vautre.
Les oiseaux fatigués tombaient l'un après l'autre.
Sous cette mer roulant sur tous les horizons
On avait quelque temps distingué des maisons,

Des villes, des palais difformes, des fantômes
De temples dont les flots faisaient trembler les dômes ;
Puis l'angle des frontons et la blancheur des fûts
S'étaient mêlés au fond de l'onde en plis confus ;
Tout s'était effacé dans l'horreur de l'eau sombre.
Le gouffre d'eau montait sous une voûte d'ombre ;
Par moments, sous la grêle, au loin, on pouvait voir
Sur le blême horizon passer un coffre noir[1] ;
On eût dit qu'un cercueil flottait dans cette tombe.
Les tourbillons hurlants roulaient l'écume en trombe.
Des lueurs frissonnaient sur la rondeur des flots.
Ce n'était ni le jour ni la nuit. Des sanglots,
Et l'ombre. L'orient ne faisait rien éclore.
Il semblait que l'abîme eût englouti l'aurore.

Victor HUGO, *La fin de Satan* (suite à *La Légende des siècles*).

1. Il s'agit de l'arche, vaisseau fermé qui permit à Noé, selon la Bible, d'échapper aux eaux du déluge.

▶ **Vous ferez de ce texte un commentaire composé.**
Vous montrerez, par exemple, comment le talent visionnaire de Hugo suscite chez le lecteur un sentiment d'épouvante.

POUR DÉMARRER

On se référera à la Genèse (épisode du déluge : Noé) ; on observera le système d'énonciation (qui parle ?) ; insister sur l'aspect épique (agrnadissement, simplification manichéenne, etc.) ; faire des relevés de champs lexicaux (l'eau, les ténèbres, la souffrance) ; on analysera de près les vers consacrés à la description de la « cité engloutie » (vision quasi surréaliste).

✽ ✽ ✽
PARTIE DU PROGRAMME ABORDÉE

La littérature en général, surtout le roman
et la poésie : sa fonction ; le rapport entre
l'auteur et le lecteur.

DISSERTATION LITTÉRAIRE

→ **CORRIGÉ**

Dans un article publié par *Le Monde* en 1991, un critique affirme à propos de la littérature : « *Elle s'intéresse seulement aux secrets de l'existence.* »

▶ **Après avoir évoqué ce que vous entendez par ces « secrets », vous direz ce que vous pensez de cette affirmation.**
Pour votre argumentation, vous vous référerez aux textes littéraires que vous connaissez.

POUR DÉMARRER

On essaiera de définir la notion de « secrets », en en distinguant différentes sortes : les secrets intimes de l'auteur, qu'ils soient ou non « déposés » consciemment dans l'œuvre ; les secrets d'une société que peut percevoir un observateur lucide (ou visionnaire). Pourquoi, enfin, ne pas évoquer les secrets sur lui-même que le lecteur peut découvrir en lisant ?

Antilles – Guyane

Séries A, B, C, D, D', E

43 **
THÈME TRAITÉ

L'archéologie, l'intérêt que présente
la redécouverte (ou la connaissance) du passé.

CONTRACTION DE TEXTE

→ **CORRIGÉ**

La leçon de l'archéologie

Pour ceux qui la vivent, l'archéologie est la plus passionnante aventure. Nous avons prononcé le mot de « vocation ». C'est sans conteste cela. Ceux qui désirent y consacrer leur vie, ne sont certes pas attirés par des situations matérielles qu'elle n'accorde et n'assure jamais. Les postes sont rares alors que la demande est abondante et lorsqu'on s'est préparé à les occuper, très souvent les circonstances politiques renversent des projets bien établis ou obligent à des ajournements dont la plupart du temps on ne saurait mesurer la durée. Pourtant nul ne se sent découragé, espérant que malgré toutes les contingences, le départ pourra cependant avoir lieu. Car l'appel du grand large, c'est-à-dire du désert, est irrésistible. Pour ceux qui ne connaissent pas encore le langage envoûtant des solitudes orientales, le mot seul suffit. Pour ceux qui y ont vécu et dont toute la vie en a été tissée, la privation lorsqu'elle se prolonge, en finit par être intolérable. Pourquoi ?

C'est parce qu'au « désert » et à son attrait, s'ajoute pour nous archéologues, bien autre chose. Après l'évasion du monde présent, avec toutes ses bassesses et ses limitations, qu'il procure, c'est tout le mystère d'un passé englouti qu'on va recevoir mission de ramener à la lumière. Tout certes ne présente pas le même intérêt et l'archéologue sait se contenter de quelques tessons, puisque des millénaires les ont en quelque sorte ennoblis. Il a pris l'habitude de ne jamais ménager ses efforts, sa technique, pour sortir correctement du sol les vestiges, quels qu'ils soient, d'une humanité depuis longtemps révolue. Mais si par hasard ou par la volonté d'un destin — le *fatum* antique — qui se manifeste parfois dans la carrière des hommes, dans un sens favorable mais aussi dans une direction totalement décevante, on a eu cette chance sur un chantier, de faire un jour quelque grande découverte — un palais, un temple, une tombe « royale » intacte, une collection d'archives — on connaît une allégresse que rien au monde ne saurait procurer. Être le premier à toucher, après quelque quatre, cinq ou six mille ans, l'objet précieux qu'on a vu sortir de terre, être le premier à fouler le dallage d'une résidence royale dont à chaque porte on s'attend à se trouver face à face avec l'ancien propriétaire, être le premier à pénétrer dans quelque caveau où, sur le sol de la chambre sépulcrale, on peut encore discerner l'empreinte des pieds nus de ceux qui rendirent les derniers devoirs à quelque auguste défunt, anonyme ou au contraire rapidement identifié, rien n'égale ces heures-là, qui marquent à tout jamais ceux qui les ont vécues et qui dans leur cœur possèdent *un trésor de souvenirs, récompense suprême de beaucoup d'efforts*.

Mais l'archéologie ne se contente pas seulement de se réjouir d'avoir à son actif ces « grandes heures » qui ne sont pas accordées à tous. Par-delà cette satisfaction égoïste sans doute, il y a bien autre chose que cette *résurrection matérielle* d'un monde englouti, de « villes enfouies ». Il y a, ce qui compte encore le plus, cette approche d'hommes qui ont depuis longtemps fermé leurs yeux aux horizons terrestres et que l'on s'efforce d'appréhender dans leur âme et dans leur pensée. Car c'est en définitive à cela qu'il faut à tout prix parvenir. Ces textes sur petites tablettes de terre, le matériau le moins cher et le plus abondant qu'on puisse espérer, y aident tout naturellement, puisque tout nous y est raconté, simplement, naïvement parfois, parce que telle était la conception du moment. Nous voyons tous ces disparus, que nous le voulions ou non, partagés dans leurs soucis et dans leurs espoirs, entre le sol que leurs pieds foulaient, la ville où ils résidaient et le ciel vers lequel leurs yeux se levaient, parce qu'ils étaient persuadés que de là leur viendrait l'aide, l'appui, sinon le secours [...]

La pensée, l'âme antiques, voilà l'objectif suprême de la recherche archéologique, qui après avoir retrouvé les objets et monuments, se met à l'écoute de leur langage.

André PARROT, membre de l'Institut, Inspecteur général des Musées
(Clefs pour l'archéologie, 1967, Éditions Seghers).

RÉSUMÉ

Vous résumerez ce texte en 175 mots, une marge de 10 % en plus ou en moins étant admise. Vous indiquerez à la fin de votre résumé le nombre de mots que vous aurez utilisés.

VOCABULAIRE

Vous donnerez le sens, dans le texte, des expressions soulignées :
- « un trésor de souvenirs, récompense suprême de beaucoup d'efforts » ;
- « cette résurrection matérielle ».

DISCUSSION

Quel peut être à vos yeux l'intérêt de cette rencontre avec le passé ?
Vous justifierez votre réponse en vous appuyant sur des exemples précis.

POUR DÉMARRER

Le texte est assez difficile à résumer, à cause des nombreux exemples, des détails concrets dont il faudra faire une synthèse.

Discussion : sujet traditionnel sur le « passé » ; on se gardera d'évoquer seulement l'archéologie pour élargir l'analyse à toute étude du passé : histoire, mœurs, littérature (sciences au besoin).

✱✱
PARTIE DU PROGRAMME ABORDÉE   COMMENTAIRE COMPOSÉ

Le roman du XIXᵉ siècle (Stendhal) ; les techniques   → **CORRIGÉ**
du récit (focalisation « zéro » ; style direct et indirect ;
le « portrait » en situation).

Fabrice del Dongo, héros du roman La Chartreuse de Parme, *est enfermé en haut de la tour Farnèse qui domine la citadelle gouvernée par le général Conti. La fille de ce dernier a été aperçue de Fabrice...*

Pendant toute cette troisième journée de sa prison, Fabrice fut outré de colère, mais uniquement de ne pas avoir vu reparaître Clélia. Colère pour colère, j'aurais dû lui dire que je l'aimais, s'écriait-il ; car il en était arrivé à cette découverte. Non, ce n'est point par grandeur d'âme que je ne songe pas à la prison et que je fais mentir la prophétie de Blanès[1], tant d'honneur ne m'appartient point. Malgré moi je songe à ce regard de douce pitié que Clélia laissa tomber sur moi lorsque les gendarmes m'emmenaient du corps de garde ; ce regard a effacé toute ma vie passée. Qui m'eût dit que je trouverais des yeux si doux en un tel lieu ! et au moment où j'avais les regards salis par la physionomie de Barbone[2] et par celle de M. le général gouverneur. Le ciel parut au milieu de ces êtres vils. Et comment faire pour ne pas aimer la beauté et chercher à la revoir ? Non, ce n'est point par grandeur d'âme que je suis indifférent à toutes les petites vexations dont la prison m'accable. L'imagination de Fabrice, parcourant rapidement toutes les possibilités, arriva à celle d'être mis en liberté. Sans doute l'amitié de la duchesse[3] fera des miracles pour moi. Eh bien ! je ne la remercierais de la liberté que du bout des lèvres ; ces lieux ne sont point de ceux où l'on revient ! une fois hors de prison, séparés de sociétés comme nous le sommes, je ne reverrais presque jamais Clélia ! Et, dans le fait, quel mal me fait la prison ? Si Clélia daignait ne pas m'accabler de sa colère, qu'aurais-je à demander au ciel ?

STENDHAL (1783-1842), *La Chartreuse de Parme*, 1839, Chapitre XVIIIe.

1. Blanès : curé chargé de l'éducation de Fabrice et féru d'astrologie.
2. Barboe : commis de la prison aux ordres de Conti.
3. La duchesse : Gina del Dongo, duchesse Sanseverina est la tante et la protectrice du héros. Elle dispose de puissants moyens d'action sur le prince de Parme.

▶ **Vous ferez de cet extrait un commentaire composé dans lequel vous pourriez, par exemple, montrer comment Stendhal, par l'organisation de son récit, met en évidence le caractère de Fabrice.**

POUR DÉMARRER

Pour ce texte très révélateur de Stendhal, on analysera les procédés de style utilisés (alternance de récit et d'introspection, etc.) et le paradoxe sur lequel il est construit (le bonheur en prison).

45 ✿ ✿ ✿
PARTIE DU PROGRAMME ABORDÉE   Dɪssᴇʀᴛᴀᴛɪᴏɴ ʟɪᴛᴛᴇ́ʀᴀɪʀᴇ

La recherche du beau en art et dans la littérature ; esthétique et modernité ; la beauté est-elle éternelle ou liée à l'éphémère : modes et goûts ?

Dans le *Salon* de 1846, Baudelaire écrit : « On peut affirmer que puisque tous les siècles et tous les peuples ont eu leur beauté, nous avons inévitablement la nôtre. »

▶ **Sans oublier que chaque époque a ses réalisations artistiques mais aussi sa conception de la beauté, sans d'autre part vous croire obligé de vous limiter à la littérature, vous direz, en vous appuyant sur des exemples précis, ce que vous pensez de cette affirmation de Baudelaire.**

POUR DÉMARRER

Ce sujet nécessite de vastes connaissances (littéraires, historiques, etc.) ; il est explicitement demandé de ne pas s'en tenir à la littérature. La citation de Baudelaire fait également appel à d'autres cultures que la nôtre.

Exercices avec solutions

DES OUVRAGES CONFORMES AUX NOUVEAUX PROGRAMMES.

DES RAPPELS DE COURS.

DES QUESTIONS POUR CONTRÔLER L'ASSIMILATION DU COURS.

DES EXERCICES AVEC DES SOLUTIONS ENTIÈREMENT RÉDIGÉS.

En vente chez votre libraire

AVEC SOLUTIONS

EXO

POCHE

UN RAPPEL DÉTAILLÉ DU COURS

UNE SÉRIE DE TESTS SUR LA
COMPRÉHENSION DU COURS

DES EXERCICES VARIÉS, NOMBREUX,
À RÉSOUDRE AVEC LEURS CORRECTIONS

En vente chez votre libraire

Polynésie française

Séries A, B, C, D, D', E

46

❊❊
THÈME TRAITÉ

La coupure entre la majorité des individus
et le monde scientifique ; la méfiance que
cela engendre.

CONTRACTION DE TEXTE

→ **CORRIGÉ**

Questions aux savants

Dans sa magistrale et importante leçon inaugurale au Collège de
France, le professeur Jacques Monod ne nous l'a pas envoyé dire : ni la masse
ignorante ni même les héritiers d'une culture dépassée ne peuvent faire autre
chose que de vivre et mourir sans rien comprendre à la nouvelle image de
5 l'univers qui les informe et les gouverne : « les techniques issues de la science
moderne dépassent l'entendement de la plupart des hommes et sont pour
eux une cause d'humiliation permanente... Les sociétés modernes vivent,
apprennent, enseignent encore — sans y croire d'ailleurs — des systèmes
de valeurs dont les bases sont ruinées, alors que, tissées par la science, ces
10 sociétés doivent leur émergence à l'adoption, le plus souvent implicite et
par un très petit nombre d'hommes, de cette éthique[1] de la connaissance
qu'elles ignorent. » Et, il y aurait là, selon le grand biologiste, le cas le plus
dangereux de l'aliénation[2] moderne. Ces lignes sont désagréables à lire parce
que, pour une grande part, elles sont vraies et caractérisent une situation
15 nouvelle, gênante pour beaucoup. Certes, à toutes les époques, la connaissance scientifique a eu quelque chose de spécial qui échappait au profane
vulgaire et rendait relative ou contestable la notion de « culture générale »
sur laquelle on prétendait asseoir, encore au siècle dernier, la pédagogie
de l'« honnête homme ».
20 Mais, d'une part, la relation entre la science et la civilisation était moins
tendue et moins nécessaire qu'elle l'est devenue, une zone plus large y étant
laissée aux sentiments et aux idées simples, au monde subjectif, à la sagesse naturelle et empirique[3] ; et d'autre part, la science demeurait plus proche
de la vie, moins abstraite, moins séparée de la logique ordinaire. Sans re-
25 monter plus haut que deux ou trois cents ans, l'Encyclopédie pouvait être

une entreprise où les écrivains collaboraient avec les physiciens et les ma-
thématiciens pour l'information des gens du monde, où d'Alembert ap-
partenait aux lettres et aux sciences, où Voltaire faisait à Cirey de la physique d'amateur entre deux tragédies. Un siècle plus tôt, le Chevalier de Méré,
30 qui n'avait rien de génial, était tenu par Pascal et Mersenne pour un interlocuteur admissible. Plus près de nous, « L'introduction à l'étude de la
médecine expérimentale » de Claude Bernard, aussi bien que la science et
l'hypothèse d'Henri Poincaré, intéressaient les savants sans être inaccessibles aux lettrés ; et ce qui se passait dans le laboratoire de Pasteur ou dans
35 celui des Curie donnait, sur les lois de la vie et la nature des choses, des
aperçus dont une intelligence normalement exercée pouvait au moins saisir le sens et l'importance. Aujourd'hui, le progrès torrentiel des connaissances, la place toujours plus large que prennent les mathématiques dans
les méthodes de leur progrès et la formulation de leurs résultats, la néces-
40 sité même où sont les savants de rétrécir toujours davantage le secteur de
leurs observations et de leurs compétences individuelles creusent, entre la
culture générale et la connaissance scientifique, un fossé difficile à franchir. Un grand physicien de mes amis me disait que si Einstein revenait
aujourd'hui de la mort et voulait comprendre ce que pensent et ce que for-
45 mulent les chercheurs qui continuent sur sa lancée, il lui faudrait plusieurs
années d'études pour se recycler. C'est peut-être exagéré, je n'en sais rien.
Mais il est manifeste que, dans tous les domaines, dans ceux des sciences
physiques comme dans ceux des sciences humaines, les spécialistes s'es-
soufflent à courir derrière le progrès de leurs disciplines, à intégrer leurs
50 propres découvertes et à y accorder leur langage. Comment le profane n'y
perdrait-il pas pied ?

Le professeur Monod n'a donc pas tort de dire que les esprits étrangers
au mouvement des sciences et des techniques modernes, ceux surtout qui
ne les saisissent pas à leur source comme une méthode et une éthique, c'est-
55 à-dire le plus grand nombre, vivent dans la séparation et l'aliénation : les
valeurs réelles qui les entourent et les soutiennent leur échappent, et celles
sur lesquelles ils continuent à fonder leurs pensées et leurs actions sont,
sinon toujours annulées et périmées, au moins suspectes au jugement des
experts. Il s'ensuit chez ceux en qui apparaît quelque lumière de conscience,
60 entretenue par la réflexion et la culture, « cette anxiété, cette profonde méfiance que tant de nos contemporains éprouvent à l'égard du monde et de
la science elle-même ».

Pierre-Henri SIMON, *Questions aux savants*, 1969.

1. « Éthique » : morale.

2. « Aliénation » : perte de la liberté.

3. « Empirique » : fondé sur l'expérience quotidienne.

RÉSUMÉ

Vous résumerez ce texte en 160 mots (± 10 %). Vous indiquerez à la fin du résumé le nombre exact de mots utilisés.

VOCABULAIRE

Vous expliquerez dans le contexte les expressions :
- « monde subjectif » (l. 22) ;
- « le progrès torrentiel des connaissances » (l. 37-38).

DISCUSSION

Pour conjurer « cette anxiété, cette profonde méfiance que tant de nos contemporains éprouvent à l'égard du monde et de la science », quelle doit être, à votre avis, la part de la connaissance scientifique dans la culture générale ?

POUR DÉMARRER

Texte solidement structuré dont il est relativement facile de suivre le raisonnement ; la discussion, en revanche, est plus délicate, mais renvoie à une thématique classique : la peur ne peut être vaincue que par la connaissance (seul ce qui est inconnu effraie vraiment).

❉❉
PARTIES DU PROGRAMME ABORDÉES   COMMENTAIRE COMPOSÉ

La littérature contemporaine. Le roman.   → **CORRIGÉ**
Romain Gary. Émile Ajar

Victor Cousin a adopté un python, « Gros-Câlin », mais il faut nourrir l'animal qui ne consomme que de petits animaux vivants, et le narrateur s'est aussi épris de la souris blanche qu'il lui a achetée pour son repas... Il s'ouvre de ses problèmes à l'abbé Joseph...

J'allais donc consulter l'abbé Joseph, à cause de ce problème de chair vivante. Nous eûmes une longue explication au *Ramsès*, autour d'une bouteille de bière. Je bois du vin, de la bière, je mange surtout des légumes, des pâtes, très peu de viande.

– Je refuse de nourrir mon python de souris vivantes, lui dis-je. C'est inhumain. Et il refuse de bouffer autre chose. Avez-vous déjà vu une pauvre petite souris face à un python qui va l'avaler ? C'est atroce. La nature est mal faite, mon père.

– Mêlez-vous de ce qui vous regarde, dit l'abbé Joseph, sévèrement.

Car il va sans dire qu'il ne tolère aucune critique à l'égard de son python à lui*.

– La vérité est, monsieur Cousin, que vous devriez vous intéresser davantage à vos semblables. On n'a pas idée de s'attacher à un reptile…

Je n'allais pas me lancer dans une discussion zoologique avec lui sur les uns et les autres, pour savoir qui est quoi, je ne cherchais pas à l'étonner. Il s'agissait pour moi de trancher cette question de nourritures terrestres.

– Cette bête s'est prise d'une véritable amitié pour moi, lui dis-je. Je vis assez seul, bien que décemment. Vous ne pouvez pas savoir ce que c'est, rentrer chez soi le soir et trouver quelqu'un qui vous attend. Je passe ma journée à compter par milliards – je suis statisticien, comme vous savez – et lorsque j'ai fini ma journée, je me sens naturellement très diminué. Je rentre chez moi et je trouve sur mon lit, roulée en boule, une créature qui dépend de moi entièrement et pour qui je représente tout, qui ne peut pas se passer de moi…

Le curé me regardait de travers. C'est le genre de curé qui fait un peu militaire, parce qu'il fume la pipe.

– Si vous aviez adopté Dieu au lieu de vous rouler dans votre lit avec un reptile, vous seriez beaucoup mieux pourvu. D'abord, Dieu ne bouffe pas de souris, de rats et de cochons d'Inde. C'est beaucoup plus propre, croyez-moi.

– Écoutez, mon père, ne me parlez pas de Dieu. Je veux quelqu'un à moi, pas quelqu'un qui est à tout le monde.

– Mais justement…

Émile AJAR, Gros-Câlin.

* « Son python à lui » : tournure humoristique désignant le Dieu du Père Joseph.

▶ **Vous ferez de cette page du roman d'émile Ajar, Gros-Câlin, un commentaire composé. Vous pourrez par exemple vous demander à quoi tient le comique de la scène et dans quelle** mesure les procédés comiques tournent en dérision le débat philosophique.

POUR DÉMARRER

On s'attachera essentiellement à l'analyse des procédés humoristiques (ton du récit, noms des personnages, vocabulaire, etc.) qui masquent la gravité du thème sous une dérision apparente ; on essaiera de montrer ce qui se cache de réelle sensibilité derrière l'aspect ironiquement sentencieux du débat philosophique.

✹ ✹ ✹

48 PARTIES DU PROGRAMME ABORDÉES   DISSERTATION LITTÉRAIRE

La littérature en général. L'art de l'écrivain.   → **CORRIGÉ**

▶ **André Maurois, romancier du xxe siècle, affirme que l'art de l'écrivain consiste à « dire toute la vérité, mais de manière oblique, indirecte ».**
En vous appuyant sur des exemples précis tirés de votre expérience de lecteur, vous vous demanderez si vous partagez entièrement ce point de vue.

POUR DÉMARRER

Il importe de définir nettement (et délimiter) le sujet ; deux aspects essentiels sont à dégager : selon Maurois, le but de l'écrivain est de servir la vérité ; mais par *l'art* (la manière oblique et indirecte) : en quoi la vision artistique diffère-t-elle de la vision « documentaire » ? (et accessoirement, en quoi l'écrivain diffère-t-il du journaliste ?)

Algérie

Séries A, B, C, D, D', E

49 ✷✷ THÈME TRAITÉ   CONTRACTION DE TEXTE

L'ordinateur ; les craintes suscitées   → **CORRIGÉ**
par le développement de l'informatique.

Parce qu'ils permettent de saisir, stocker, traiter et diffuser l'information, les ordinateurs et les moyens de télécommunication peuvent être per-
çus comme porteurs d'une menace plus grande que toutes les autres machines préalablement inventées par l'homme, mais aussi, et c'est là le
5 paradoxe qu'il convient d'éclairer, comme le plus fantastique outil de progrès dont l'humanité se soit jamais dotée.

L'extension rapide de l'utilisation de l'informatique permettrait-elle la
mise en place du monde déshumanisé décrit dans *1984* par George Orwell ?
Celui-ci a imaginé, autour d'un être mythique appelé Big Brother, un sys-
10 tème totalitaire : un maître absolu, un parti unique qui exerce son contrôle
sur l'ensemble de l'économie (nous savons que les exemples de telles sociétés ne manquent pas !). Dans cet univers, le contrôle s'étend à la vie pri-
vée des individus par l'intermédiaire d'un télécran, par lequel le pouvoir
central diffuse l'information de son choix et observe l'individu dans ses
15 moindres faits et gestes. À ce contrôle sans limites s'ajoute celui des informations : tous les documents publiés et archivés sont régulièrement ré-
visés et republiés conformément aux positions officielles du gouvernement.

Ce monde hypercentralisé, où les libertés individuelles ont disparu au
profit du respect absolu d'un ordre imposé, semble s'organiser autour de
20 ce que nous appelons ordinateur, même si l'auteur, lui, n'évoque pas celui-
ci explicitement. Si l'informatique et les télécommunications sont très cou-
ramment présentées comme pouvant conduire à ce type de société, c'est
que ces techniques pourraient procurer des outils de choix pour y parvenir plus facilement. Les systèmes informatiques les plus performants dans
25 chaque pays ne sont-ils pas ceux de la police et de l'armée ? Et le télécran
de *1984* ne serait-il pas techniquement réalisable en l'an 2000 ? Il pourrait
être relié à un ordinateur central qui assurerait la surveillance des indivi-

dus et réviserait automatiquement et rapidement l'ensemble des textes publiés et archivés.

30   Au-delà de la fiction romanesque, et sans faire appel à une version aussi sombre et aussi futuriste des ordinateurs, il est possible d'imaginer des applications presque aussi inquiétantes. En centralisant les informations détenues sur un individu dans les différents fichiers informatisés — impôts, Sécurité sociale, allocations familiales, banques et assurances —, on dis-

35 pose à son propos d'une masse d'informations considérable qui permet déjà d'exercer un contrôle très efficace. Il suffirait pour cela d'interconnecter les ordinateurs par des réseaux de télécommunication. Il est hors de question de mettre en doute l'efficacité de l'informatique et des télécommunications en ce qui concerne le contrôle de l'information. Ces techniques peu-

40 vent également être utilisées pour centraliser et concentrer le pouvoir, ou encore, pour faire appliquer avec rigueur toutes sortes de règles, de normes si strictes soient-elles.

    À ces inquiétudes, s'en ajoutent bien d'autres, directement liées aux conditions économiques actuelles et plus particulièrement au chômage. Les tech-

45 nologies de l'information permettent d'automatiser des tâches et créent une psychose de la perte de l'emploi. Ainsi, dans la banque, l'installation de terminaux, de distributeurs automatiques de billets et bientôt de guichets automatiques, réduit les besoins de main-d'œuvre. De nombreux emplois sont menacés dans les postes par le tri postal automatique, et demain, par le té-

50 lécopieur grand public. Toutes les activités seront, à moyen terme, touchées de près ou de loin par le développement des technologies de l'information. L'industrie automobile a vu apparaître ses premiers robots. Dans l'industrie horlogère, l'électronique a remplacé la mécanique et provoqué une contraction brutale des effectifs. Dans la presse et l'édition, l'introduction

55 des ordinateurs dans les travaux de composition a réduit les emplois de typographes. Dans une économie à croissance très faible, où le taux de chômage atteint dix pour cent de la population active, le développement de ces technologies ne peut qu'inquiéter ceux dont l'emploi est directement menacé.

60   L'homme remplacé par des machines, l'homme contrôlé et surveillé par les ordinateurs d'un pouvoir central : deux menaces, lointaines certes, mais qui pèsent en permanence sur le développement, et freinent la pénétration de ces technologies dans notre vie de tous les jours.

Martin ADER, Le Choc informatique, 1985.

RÉSUMÉ

Vous résumerez ce texte en 175 mots (± 10 %). Vous indiquerez à la fin du résumé le nombre exact de mots utilisés.

VOCABULAIRE

Vous expliquerez le sens, dans le texte, des deux expressions :
– « fiction romanesque » (l. 30) ;
– « psychose de la perte de l'emploi » (l. 46).

DISCUSSION

Pensez-vous que l'extension rapide de l'utilisation de l'informatique risque de favoriser la mise en place d'un « monde déshumanisé » ?

POUR DÉMARRER

Résumé assez facile à faire dans la mesure où le texte est clair et nettement structuré ; la discussion est apparemment « classique » : on veillera à soigner « l'antithèse » : l'informatique au service des hommes et de leur liberté (avec exemples précis).

** PARTIE DU PROGRAMME ABORDÉE COMMENTAIRE COMPOSÉ

La poésie du XIXe siècle : Leconte de Lisle ; → **CORRIGÉ**
les Parnassiens ; l'art pour l'art ; le culte de la beauté ;
l'exotisme.

La Prairie

Dans l'immense Prairie, océan sans rivages,
Houles d'herbes qui vont et n'ont pas d'horizons
Cent rouges cavaliers, sur les mustangs sauvages,
Pourchassent le torrent farouche des bisons.

La plume d'aigle au crâne, et de la face au torse
Striés de vermillon, arc au poing et carquois
Pendu le long des reins par un lien d'écorce,
Ils percent en hurlant les bêtes aux abois.

Sous les traits barbelés qui leur mordent les côtes,
Les taureaux chevelus courent en mugissant,
Et l'aveugle trouée, entre les herbes hautes,
Se mouille de leur bave et des jets de leur sang.

La masse épaisse, aux poils épars, toujours accrue,
Écrasant blessés, morts, chaparals* rabougris,
Franchissant les rochers et les cours d'eau, se rue
Parmi les râlements d'agonie et les cris.

Au loin, et derrière eux, mais rivés à leurs traces,
Les loups blancs du désert suivent silencieux,
Avec la langue hors de leurs gueules voraces
Et dardant de désir la braise de leurs yeux.

Puis tout cela, que rien n'entrave ni n'arrête,
Beuglements, clameurs, loups, cavaliers vagabonds,
Dans l'espace, comme un tourbillon de tempête,
Roule, fuit et s'enfonce et disparaît par bonds.

LECONTE DE LISLE (1818-1894), Derniers poèmes.

* « Chaparals » (v. 14) : arbustes à feuilles persistantes, adaptés à la sécheresse.

▶ **Vous ferez de ce poème un commentaire composé ; vous pourrez par exemple étudier comment le poète peint le mouvement de la chasse dans sa beauté barbare et grandiose.**

POUR DÉMARRER

Pour ce genre de poésie, il faut être attentif à l'aspect « esthétique » : choix des mots, rôle des couleurs, impression de mouvement ; bien mettre l'accent (comme le libellé le suggère) sur l'aspect « barbare » (sauvage) de la scène.

51

✳ ✳ ✳
PARTIE DU PROGRAMME ABORDÉE   Dissertation littéraire

La poésie ; son « utilité » ; ses fonctions,   → **CORRIGÉ**
son rôle à travers les siècles.

▶ « Poésie (la) : Est tout à fait inutile : passée de mode. »
Telle est la définition que Flaubert note ironiquement dans
le *Dictionnaire des idées reçues*.
Votre expérience de lecteur (et/ou de créateur) de poésie
vous incite-t-elle à condamner comme Flaubert cette opinion
toute faite ?

POUR DÉMARRER

Il importe de bien délimiter le sujet : la poésie est-elle inutile ? La poésie est-
elle passée de mode ? On appliquera bien entendu la phrase de Flaubert à
notre époque.

Pour traiter ce sujet, de solides connaissances littéraires s'imposent.

L'ÉPREUVE DE

Pour préparer le bac dès la rentrée

Pour se préparer avec méthode
aux divers sujets de chaque épreuve

Pour couvrir l'ensemble
du programme.

19 titres dont :
Biologie-Géologie (A, B) - Biologie-Géologie (C, D) -
Electronique (F2) - Electrotechnique (F) -
Français - Géographie - Histoire -
Histoire/Géographie (Oral, G) - Latin - Philosophie -
Sciences Economiques et Sociales -
Allemand - Anglais

En vente chez votre libraire

Exercices avec solutions

DES OUVRAGES CONFORMES AUX NOUVEAUX PROGRAMMES.

DES RAPPELS DE COURS.

DES QUESTIONS POUR CONTRÔLER L'ASSIMILATION DU COURS.

DES EXERCICES AVEC DES SOLUTIONS ENTIÈREMENT RÉDIGÉS.

En vente chez votre libraire

Sujet national

Séries F, G, H

* *
THÈME TRAITÉ

CONTRACTION DE TEXTE

La différence des cultures.   → **CORRIGÉ**

Notre obsession est d'être reconnu comme une personne originale, ir-remplaçable ; nous le sommes réellement, mais nous ne sentons jamais assez que notre entourage en est conscient. Quel plus beau cadeau peut nous faire l'« autre » que de renforcer notre unicité, notre originalité, en étant diffé-
5 rent de nous ? Il ne s'agit pas d'édulcorer les conflits, de gommer les op-positions ; mais d'admettre que ces conflits, ces oppositions doivent et peu-vent être bénéfiques à tous.

La condition est que l'objectif ne soit pas la destruction de l'autre, ou l'instauration d'une hiérarchie, mais la construction progressive de chacun.
10 Le heurt, même violent, est bienfaisant ; il permet à chacun de se révéler dans sa singularité ; la compétition, au contraire, presque toujours sour-noise, est destructrice, elle ne peut aboutir qu'à situer chacun à l'intérieur d'un ordre imposé, d'une hiérarchie nécessairement artificielle, arbitraire.

La leçon première de la génétique est que les individus, tous différents,
15 ne peuvent être classés, évalués, ordonnés : la définition de « races », utile pour certaines recherches, ne peut être qu'arbitraire et imprécise : l'inter-rogation sur le « moins bon » et le « meilleur » est sans réponse ; la qua-lité spécifique de l'Homme, l'intelligence, dont il est si fier, échappe pour l'essentiel à nos techniques d'analyse ; les tentatives passées d'« améliora-
20 tion » biologique de l'Homme ont été parfois simplement ridicules, le plus souvent criminelles à l'égard des individus, dévastatrices pour le groupe.

Par chance, la nature dispose d'une merveilleuse robustesse face aux méfaits de l'Homme : le flux génétique poursuit son œuvre de différencia-tion et de maintien de la diversité, presque insensible aux agissements hu-
25 mains. [...] Transformer notre patrimoine génétique est une tentation, mais cette action restera longtemps, espérons-le, hors de notre portée.

Cette réflexion peut être transposée de la génétique à la culture : les ci-vilisations que nous avons sécrétées sont merveilleusement diverses et cette

diversité constitue la richesse de chacun de nous. Grâce à une certaine dif-
30 ficulté de communication, cette hétérogénéité des cultures a pu longtemps
subsister ; mais il est clair qu'elle risque de disparaître rapidement. Notre
propre civilisation européenne a étonnamment progressé vers l'objectif qu'elle
s'était donné : le bien-être matériel. Cette réussite lui donne un pouvoir de
diffusion sans précédent, qui aboutit peu à peu à la destruction de toutes
35 les autres ; tel a été le sort, pour ne citer qu'un exemple parmi tant d'autres,
des Esquimaux d'Ammassalik, sur la côte est du Groenland, dont R.
Gessain a décrit la mort culturelle sous la pression de la « civilisation obligatoire ».

Lorsque l'on constate la qualité des rapports humains, de l'harmonie
40 sociale dans certains groupes que nous appelons « primitifs », on peut se
demander si l'alignement sur notre culture ne sera pas une catastrophe ;
le prix payé pour l'amélioration du niveau de vie est terriblement élevé, si
cette harmonie est remplacée par nos contradictions internes, nos tensions,
nos conflits. Est-il encore temps d'éviter le nivellement des cultures ? La
45 richesse à préserver ne vaut-elle pas l'abandon de certains objectifs qui se
mesurent en produit national brut ou même en espérance de vie ?

Albert JACQUARD, *Éloge de la différence*, Seuil, 1978.

RÉSUMÉ

Vous ferez de ce texte un résumé en 130 mots. (Une marge de 10 % en plus
ou en moins est autorisée.)

VOCABULAIRE

Expliquez les expressions suivantes :
– hétérogénéité des cultures (l. 30) ;
– civilisation obligatoire (l. 37-38).

DISCUSSION

« Les civilisations que nous avons sécrétées sont merveilleusement diverses
et cette diversité constitue la richesse de chacun de nous. »
En quoi, à votre avis, la diversité des cultures constitue-t-elle une richesse
pour chacun de nous ?

POUR DÉMARRER

Le résumé est assez délicat, compte tenu des nombreuses subtilités du texte. Le sujet de discussion est très vaste puisqu'il est question de culture au sens large (du mode de vie à l'art en passant par la gastronomie...).

53

PARTIES DU PROGRAMME ABORDÉES

José-Maria de Hérédia. La poésie parnassienne. L'art pour l'art. La fonction du poète.

COMMENTAIRE COMPOSÉ

→ **CORRIGÉ**

La mort de l'aigle

Quand l'aigle a dépassé les neiges éternelles,
À ses larges poumons il veut chercher plus d'air
Et le soleil plus proche en un azur plus clair
Pour échauffer l'éclat de ses mornes prunelles.

Il s'enlève. Il aspire un torrent d'étincelles.
Toujours plus haut, enflant son vol tranquille et fier,
Il plane sur l'orage et monte vers l'éclair
Mais la foudre d'un coup a rompu ses deux ailes.

Avec un cri sinistre, il tournoie, emporté
Par la trombe, et, crispé, buvant d'un trait sublime
La flamme éparse, il plonge au fulgurant abîme.

Heureux qui pour la Gloire ou pour la Liberté,
Dans l'orgueil de la force et l'ivresse du rêve,
Meurt ainsi d'une mort éblouissante et brève !

José-Maria de HÉRÉDIA (1842-1905), *Les Trophées*, 1893.

▶ **Vous ferez de ce texte un commentaire composé. Vous étudierez, par exemple, en examinant attentivement les procédés poétiques utilisés, la façon dont l'auteur exprime, à travers ce drame, un idéal de vie.**

POUR DÉMARRER

On pourra s'aider du libellé qui donne de bonnes pistes d'étude : une analyse de la structure est indispensable ; on s'attachera à « décrypter » le sens caché de l'allégorie (l'image du Poète se profile derrière l'envol et la chute orgueilleuse et solitaire de l'Aigle).

PARTIE DU PROGRAMME ABORDÉE — DISSERTATION LITTÉRAIRE

Sociologie du sport.

Jacques Julliard écrit dans *Le Nouvel Observateur*, en juin 1988 : « À qui, débarqué d'une autre planète, voudrait goûter en une seule soirée à toutes nos névroses d'aujourd'hui, on ne saurait conseiller plus rapide initiation qu'un match de football. Il y trouverait réunies la plupart des maladies sociales dont nous souffrons : la violence, la triche, le fric et l'ennui. »

▶ **Partagez-vous cette opinion ?**

POUR DÉMARRER

La citation proposée appelle des « réactions » vives : le football n'est-il que cet amalgame des maladies du siècle ou un sport authentique (valorisation du désintéressement ; de l'esprit collectif ; respect des règles ; recherche d'une forme d'internationalisme) ? N'est-ce qu'une odieuse carricature de ces beaux principes ? (commerce ; « comédie » ; incitation au chauvinisme, à la violence ; primauté de la tactique sur le vrai spectacle, etc.). Ce genre de sujet appelle une prise de position personnelle.

PREMIÈRE

SESSION
1992

36.15
VUIBERT

**DES CONSEILS POUR PRÉPARER
EFFICACEMENT VOS EXAMENS.**

LES LIVRES VUIBERT POUR RÉUSSIR.

**LES CORRIGÉS
DE LA DERNIÈRE SESSION.**

**LE JOUR MÊME DES ÉPREUVES,
TOUS LES CORRIGÉS
DE TOUTES LES MATIÈRES.**

**DES RÉPONSES CLAIRES
AUX QUESTIONS
QUE VOUS VOUS POSEZ
SUR L'ORIENTATION.**

L'ÉPREUVE DE

POUR PRÉPARER LE BAC DÈS LA RENTRÉE

POUR SE PRÉPARER AVEC MÉTHODE
AUX DIVERS SUJETS DE CHAQUE ÉPREUVE

POUR COUVRIR L'ENSEMBLE
DU PROGRAMME.

19 titres dont :
Biologie-Géologie (A, B) - Biologie-Géologie (C, D) -
Electronique (F2) - Electrotechnique (F) -
Français - Géographie - Histoire -
Histoire/Géographie (Oral, G) - Latin - Philosophie -
Sciences Economiques et Sociales -
Allemand - Anglais

En vente chez votre libraire

Amérique du sud

Séries A, B, C, D, D', E

CONTRACTION DE TEXTE

La culture : vulgarisation ou banalisation ?
Les techniques modernes de diffusion contribuent-elles
à répandre la culture ou à créer une illusion ?

→ **CORRIGÉ**

Il n'est pas sûr que les techniciens modernes, en mettant à notre disposition et à la portée de notre main les créations les plus précieuses de l'art universel, favorisent la vraie culture. Les facilités dont nous jouissons sont périlleuses : elles donnent l'illusion de la culture. Après avoir feuilleté
5 un album on n'est pas beaucoup plus avancé. Contact superficiel, épiderme : la quantité remplace la qualité. Et le plus grave c'est que l'on croit savoir quelque chose ; un grand sujet a été défloré et la vraie rencontre, si elle doit se produire, sera plus difficile qu'avant. Il en est de même pour la musique qui nous est offerte dans d'admirables interprétations. Ce qu'on aurait écouté
10 religieusement dans le silence et la ferveur unanime d'une salle de concert se fait à peine entendre dans le bourdonnement des conversations et au milieu d'autres occupations. Des reproductions de toute beauté traînent dans des magazines que l'on ouvre d'un œil fatigué, distrait, chez le coiffeur ou dans l'antichambre du dentiste ; bref, le grand art se prostitue, et
15 à s'offrir ainsi à tout venant, il devient une chose parmi les choses. Il perd sa puissance et sa présence, on n'en retient que ce qui flatte l'œil ou l'ouïe : une jolie lumière, un minois, un geste ou bien quelques bribes de mélodie que l'on fredonne à contretemps. On perd de vue ce qu'il y a de glorieux, d'unique, de solennel dans ces grandes créations du génie humain ; on en
20 fait une distraction, un amusement.

Or, l'art n'est pas fait seulement pour qu'on en jouisse. En faire un agrément qui meuble un intérieur au même titre que les cigarettes ou le porto est une trahison, et peut-être un sacrilège. C'est, en tout cas, se priver de l'essentiel ; et c'est surtout prendre de très mauvaises habitudes.
25 Paradoxalement, les modernes, gavés et blasés, finissent par être moins sensibles à l'art que les hommes d'autrefois quand ils étaient mis, exceptionnellement, en présence de chefs-d'œuvre. Telle est, hélas ! la nature de notre

conscience : satisfaite, elle se lasse, elle s'émousse, elle se referme et il est difficile, ensuite, de la remettre en appétit.

30   Il ne faut pas voir trop de choses. Il faut les choisir en tenant compte de nos capacités d'absorption, qui sont toujours plus étroites que nous ne le pensons.

La rareté de nos découvertes les valorise ; la fréquence, au contraire, rend indifférent. Les chefs-d'œuvre ne sont pas destinés à être regardés en 35 passant : ils demandent à être rencontrés. Qu'est-ce qu'une rencontre ? C'est le face à face de deux personnes qui s'éprouvent réciproquement dans leurs différences comme dans leurs ressemblances et qui s'ouvrent ainsi l'une à l'autre. Elles y gagnent un surcroît d'existence personnelle car l'échange mobilise leurs idées, leurs sentiments, toutes leurs facultés. Il y a plus dans 40 une rencontre que dans l'addition de deux intimités : elle suscite chez les partenaires quelque chose de nouveau ; toute union n'est-elle pas créatrice ?

Eh bien, l'art attend d'être rencontré par nous ; sans nous, il n'existerait plus, comme meurt un livre que personne ne lit. Le trésor artistique de l'humanité est entre nos mains et il dépend de nous qu'il survive. Mais 45 réciproquement, s'il nous doit sa survie, il nous aide aussi à vivre. Tel chef-d'œuvre nous requiert, nous interroge, parfois nous persécute et nous fouaille le cœur. Il n'est pas devant nous comme un objet, comme cette table ou ce papier — instruments interchangeables et abstraits — il se comporte exactement à notre égard comme le ferait une personne. Nous pouvons tou- 50 jours, évidemment, le traiter lui aussi en chose : c'est d'ailleurs ce que nous faisons à l'égard de beaucoup de gens ! Mais c'est lui faire tort. « On ne regarde pas un tableau, disait Paul Klee[1], c'est le tableau qui nous regarde. » Nous sommes concernés par ce regard qui va très profond et parfois nous perce à jour. Une œuvre d'art nous « accouche » comme le faisait Socrate 55 pour ses disciples : elle fait affleurer des choses obscures et vagues dont nous ignorions peut-être l'existence, elle nous met au bord d'horizons intérieurs et nous fait pressentir le monde qui s'annonce au-delà ; tout cela n'est pas jouissance mais existence, et l'on n'a rien fait tant que l'on n'a pas senti la chaleur d'une rencontre, la joie d'une communion.

Jean ONIMUS, *L'Art et la Vie*, 1970.

1. Paul Klee : peintre allemand, 1879-1940.

RÉSUMÉ

Vous résumerez ce texte en 190 mots ; une marge de 10 % en plus ou en moins est admise. Vous indiquerez, à la fin du résumé, le nombre de mots utilisés.

VOCABULAIRE

Vous expliquerez le sens dans le texte des expressions suivantes :
– « le grand art se prostitue » (l. 14) ;
– « tout cela n'est pas jouissance mais existence » (l. 57-58).

DISCUSSION

Malgré leurs inconvénients indéniables, les techniques modernes de diffusion ne peuvent-elles pas contribuer aussi à l'acquisition d'une vraie culture ?

POUR DÉMARRER

Le texte ne présente pas de grandes difficultés, hormis le dernier paragraphe où les nuances de la pensée seront moins faciles à restituer ; la discussion est très « classique ».

56

✿ ✿ ✿

PARTIES DU PROGRAMME ABORDÉES   COMMENTAIRE COMPOSÉ

Marcel Proust. La littérature du xxᵉ siècle.   → **CORRIGÉ**
L'art du portrait.

Le jeune narrateur et sa famille aperçoivent par hasard monsieur Legrandin qui, jusqu'à présent, leur témoignait des marques de sympathie auxquelles ils étaient sensibles.

Nous vîmes sur le seuil brûlant du porche, dominant le tumulte bariolé du marché, Legrandin, que le mari de cette dame avec qui nous l'avions dernièrement rencontré était en train de présenter à la femme d'un autre gros propriétaire terrien des environs. La figure de Legrandin exprimait une animation, un zèle extraordinaires ; il fit un profond salut avec un renversement secondaire en arrière, qui ramena brusquement son dos au-delà de la position de départ et qu'avait dû lui apprendre le mari de sa sœur,

Mme de Cambremer. Ce redressement rapide fit refluer en une sorte d'onde fougueuse et musclée la croupe de Legrandin que je ne supposais pas si charnue ; et je ne sais pourquoi cette ondulation de pure matière, ce flot tout charnel, sans expression de spiritualité et qu'un empressement plein de bassesse fouettait en tempête, éveillèrent tout d'un coup dans mon esprit la possibilité d'un Legrandin tout différent de celui que nous connaissions. Cette dame le pria de dire quelque chose à son cocher, et tandis qu'il allait jusqu'à la voiture, l'empreinte de joie timide et dévouée que la présentation avait marquée sur son visage y persistait encore. Ravi dans une sorte de rêve, il souriait, puis il revint vers la dame en se hâtant et, comme il marchait plus vite qu'il n'en avait l'habitude, ses deux épaules oscillaient de droite et de gauche ridiculement, et il avait l'air, tant il s'y abandonnait entièrement en n'ayant plus souci du reste, d'être le jouet inerte et mécanique du bonheur. Cependant, nous sortions du porche, nous allions passer à côté de lui, il était trop bien élevé pour détourner la tête, mais il fixa de son regard soudain chargé d'une rêverie profonde un point si éloigné de l'horizon qu'il ne put nous voir et n'eut pas à nous saluer.

Marcel PROUST (1871-1922), *Du côté de chez Swann*, 1913.

▶ **Vous ferez de ce texte un commentaire composé. Vous pourriez par exemple montrer ce qu'il révèle de la personnalité de Legrandin en étudiant l'humour avec lequel est évoqué ce personnage.**

POUR DÉMARRER

Pour traiter ce sujet, assez difficile, on sera particulièrement attentif aux détails : choix des mots, appositions diverses, etc. On mettra ainsi en valeur la comédie sociale jouée par le personnage, ainsi que l'aspect caricatural du portrait.

✲ ✲
PARTIES DU PROGRAMME ABORDÉES   Dissertation littéraire

Le roman ; qu'est-ce que l'aventure ?   → **CORRIGÉ**
Le rôle de l'intrigue dans le roman. Pourquoi lit-on ?

L'écrivain contemporain Michel Le Bris déclare : « L'aventure est l'essence de la fiction. [...] Quelque chose arrive à quelqu'un : voilà le point de départ obligé. Sans événements, pas de roman. »

▶ **En vous appuyant sur des exemples précis empruntés à vos études et à vos lectures personnelles, vous direz quelle place vous accordez à l'aventure dans le roman et vous vous demanderez dans quelle mesure elle vous semble indispensable.**

POUR DÉMARRER

Sujet très vaste : on commencera par chercher tous les exemples possibles de « romans d'aventure » (des origines à nos jours) avant de se demander si tout roman n'est pas roman d'aventure... Mais ne lit-on que pour cela ? On sera conduit nécessairement à se poser cette question.

Achevé d'imprimer sur les presses de
l'imprimerie Maulde et Renou – Aisne
Dépôt légal n° 6125 – août 1993
Imprimé en France